大人気の悉《しっ》皆《かい》屋《や》さんが教える！

着物まわりのお手入れ

決定版

髙橋和江
（たかはしきもの工房）

河出書房新社

はじめに

私は、はっきり言ってものぐさです。

こんな私がお手入れ本なんて出していいのだろうか……と、はじめは思いました。だってやることなすこと自己流もいいところで、私のお手入れ方法にはバイブルなし、先生なし。しかしこれも商売だ、と腹をくくり、自分自身が実験台となってたくさん失敗を重ね、まさに体で習得したものばかりです。

すべては私の感覚だけ、その方法を公開するなんて……。

出版のお話を頂いた時、お世話になっている工房の先生に〝私のお手入れ方法〟をお話しして、これを本にしていいものかと伺うため京都に向かいました。

きちんと話を聞いてくれた先生は一言。

「私らはそんな方法で着物を触ったことがないからわからへんなぁ」とおっしゃいました。この言葉を聞いて、あ、私の失敗の数々がお役に立ついい機会かも……、と思ったのです。

考えてみれば、日々、着物のメンテナンスに携わる現場のプロの方々

は、道具も薬品も専用のものが揃った中で数々の経験をもとに、お客様の品物に〝最小限のリスクで最大の効果〟である処理を施すわけです。

私は悉皆屋の女将ですが、現場の人間ではありません。特別な道具も薬剤もない毎日の生活の中で使えるものを使い、私でもできるさまざまな実験ともいうべき経験を重ねて、自分なりの答えを見つけました。ごく普通の着物ユーザー目線で、あれこれ答えを探り、私なりに大丈夫だ、と思うことだけを、この一冊にまとめたつもりです。

だいたいにして私は、着物が嫌いでした。嫌いで面倒でどうしようもない私でも、毎日、楽しく着物が着られる工夫を重ねてきた結実が『たかはしきもの工房』であり、この本なのです。

皆様の着物ライフに何かひとつでもお役に立つなら幸甚です。
また、本書に書かれていることで、お気づきの点がございましたら、私自身のさらなる学びにもなりますので、遠慮なくご指摘ください。

たかはしきもの工房
髙橋和江

悉皆屋《しっかいや》とは

もともとは着物まわりの誂えや、お手入れ、お直しの注文を取り次ぐ仕事を悉皆屋と呼び、洗う人を洗張屋と呼んでいました。今は直接、手をかける人も「悉皆屋」と呼ぶことが多いようです。

「悉皆」という言葉を辞書でひくと、「なんでも」、「すべて」、「ことごとく」と出てきます。つまり悉皆屋とは、着物のことならなんでもござれの、なんでも屋さんです。仕立ての相談からお手入れの悩み……。着物まわりのことなら、まずお近くの悉皆屋さんに相談してみてください。悉皆、京染などという看板が出ているところが悉皆屋です。

大人気の悉皆屋《しっかいや》さんが教える!

着物まわりのお手入れ

もくじ

Chapter 1

着物まわりのお手入れ事始め

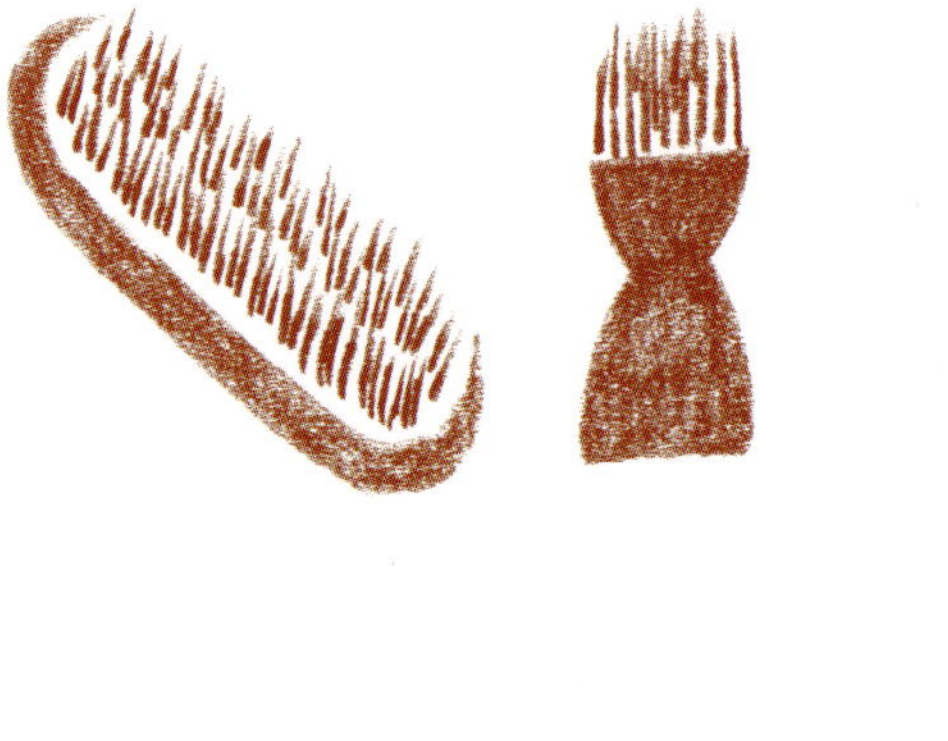

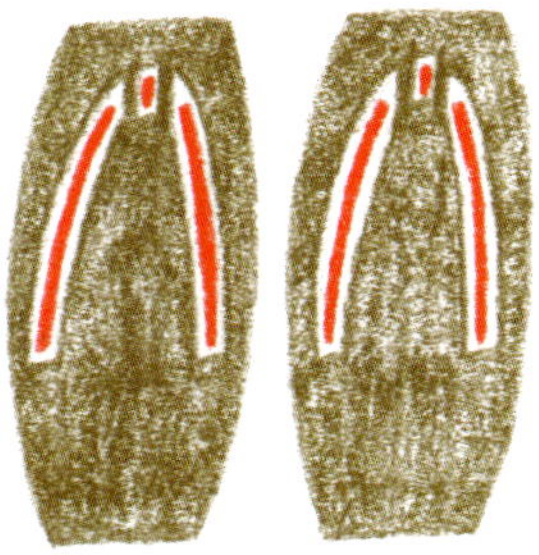

Chapter 2

魔法のお手入れ ―洗う―

Chapter 3

着物なでしこ 虎の巻

イラスト／ノラヤ

Chapter 1

着物まわりの
お手入れ事始め

お手入れの基本用語

**着物のお手入れには、自分でできるものとプロに頼むものの2種類があります。
少しでもわからないことがあったら、
最寄りの呉服屋さんや悉皆屋さんなどプロに相談してみましょう。
ここではそんな時、知っておくと便利な
お手入れの基本用語について紹介します。**

洗い張り

着物の縫い目をぜんぶ解いてパーツに戻し（解き）、それぞれを簡単に縫い合わせて（端《はし》縫い）、一枚の反物に戻します。次にその反物を長い板に乗せ、水を流しながら洗剤などで洗います。職人が生地の状態を見ながら、ひとつひとつを手作業で行います。生地に詰まったホコリや汚れ、汗などが洗い流され、繊維がきれいに整います。その後の仕立てが必要です。

丸洗い（生《き》洗い）

着物を解かずに、揮発《きはつ》性溶剤で洗うドライクリーニングです。皮脂やファンデーションといった油性の汚れは落ちますが、汗など水性の汚れは落ちません。仕立てが不要なので、洗い張りに比べて安くできます。

　クリーニング溶剤は意外に飛びにくいものです。ほぼ乾いているとは思いますが、溶剤が繊維の奥に残っている場合もあります。丸洗いから返ってきた着物は、最低一晩くらいは虫干ししてからしまいましょう。

部分洗い

皮脂で汚れやすい衿や袖口、裾などを部分的に洗う方法です。一般的には揮発剤を使うので、ファンデーションや皮脂は落ちますが、汗など水性の汚れは落ちません。お店によって名称に違いはありますが、丸洗いよりも手頃にでき、生地を傷めないので大きな汚れのない着物のメンテナンスに向いています。

シミ抜き

着物を解かずに、シミや汚れを落とす方法です。汚れの種類によって、専門家がさまざまな薬品や洗剤を組み合わせ、手作業で落とします。着用回数の少ない着物など、生地全体を傷めずに汚れを落とすことができます。

　古いシミや頑固な汚れを落とす場合などでは、汚れと一緒に生地の染料が落ちる場合もあり、染めを新たに加え、見映えを整えることが職人の技術です。

汗抜き

脇や胸、背などの汗が染みたところに水と洗剤をつけ、生地の状態を見ながら超音波機器などで部分洗浄します。着物を解かずに、職人が手作業で行います。

　汗は水洗い以外では落ちませんが、洗い張りをするほど着用回数が多くない着物に向いています。

まとめ／藁科裕里

プロに頼む洗い、シミ抜き

	洗い張り	丸洗い	部分洗い	シミ抜き	汗抜き
どういうことをする？	着物を解いて反物の状態に戻し、水を流しながら洗剤をつけ、職人が洗う。	仕立て上がりの着物を、そのまま揮発剤でドラム洗浄する。	衿、袖口、裾など、日常的に汚れやすい部分を職人が揮発剤を使って洗う。	食べものや飲みもの、水ジミ、体液などによる汚れ、沈着したシミなどを、職人が薬品を使って落とす。	脇や胸、背など汗ジミのある部分を、職人が水と洗剤、超音波機器などを使って、汗を落とす。
どんな汚れに効果的か	汗、皮脂、化粧品、食べものや飲みもの、雨など、ほぼ全般の汚れ。繊維の奥深くに入り込んだ汚れ。	皮脂やファンデーションなど、油性の汚れ、細かいホコリや黒ズミなど。	皮脂やファンデーションなど、油性の汚れ。	水性・油性汚れの組み合わせ、タンパク質汚れ、色焼けなど。生地に沈着した黄変、シミ。	汗、汗ジミ。
どのくらいのタイミングで出すか	袖口や裾の黒ズミが普段のお手入れではとれなくなったり、生地にヨレッとした感じができてきたら。	袖口や裾の黒ズミが気になり出したら。	気づいたら。	シーズン終わりに点検をしてシミなどを見つけたらお手入れに出す。ひどいシミや汗の場合は、その都度、対応。	
メリット	変色以外のほとんどの汚れが落ちる。繊維に水が通り、呼吸するので生地がふっくらと甦る。	仕立てが必要ないので、手頃にできる。	汚れの多い部分だけを手軽に洗える。日常のお手入れに向く。	処置が早いほど、高い確率で汚れが落ちやすい。全体の生地を傷めない。	洗い張りせずに、汗を落とせる。
注意点	仕立てが必要なのでコストが高い。同様に解き、端縫いなど付随する加工代金も確認する。	店舗によって価格差がある。溶剤の種類や着物の扱い方に違いがあるのできちんと確認。	皮脂やファンデーション汚れでも、古いものは生地が変色する場合もあり、そうなるとコスト高に。	古いシミほど、手間と時間がかかり、コストが高くなる。かならず専門店に出すこと。染色補正の技術は専門店ならでは。	汗ジミは裏表、色んな角度から探すこと。意外と見落とすことも。
値段の相場（※小紋）	7000円～（＋仕立て代）	5000円～1万円	2000円～	3000円～	8000円～

※値段の相場はあくまで目安

着た回数、年数だけで
洗いのタイミングは
計れないと考えています。
日常的に着物を
楽しむためには、
そのあたりの判断も
自分なりに身につける
努力をしましょう。

プロに任せるお手入れ

正《しょう》絹《けん》の水ジミ、水汚れ

ガード加工をしていない限り、雨などの水分は水ジミになります。織によっては縮みも生じます。水ジミは、ドライクリーニングでは落ちない汚れです。かならず専門店に出しましょう。

カビ

湿気の多い場所で保管するとカビが生じます。汚れや汗のタンパク質などはカビの大好物なので、シミを落とさずにいるとなおさらです。着物のカビは白いうちは落ちやすいですが、茶色くなってきたら染料が変色していると考えましょう。カビ特有の臭いがしたら、見えていなくても繊維に菌糸が広がっています。黒ずむほどひどくなると繊維を壊し、穴ができたり破れることも。状態によってシミ抜き、カビ抜きの薬品処理が必要になります。湯のししていない反物や着物は、仕上げの糊が残っているためカビが生じやすいので、ご注意を。

絹の着物の洗い

基本的に正絹の着物は自宅で洗えません。反物の状態に戻して水洗いする「洗い張り」、揮発性溶剤による「丸洗い」の2種類があります。そのほか、特殊ですが仕立てたまま丸ごと水洗いする業者もあるようです。

シミや黄変

昔と違い、現代の食事や生活習慣、環境は多様になっています。シミの原因となった成分が複雑なので、それを分解できる薬品や高度な技術が必要です。さらにシミを長期間放置すると生地に沈着し、変色したり、カビが生じます。

帯、帯締め

刺繍《ししゅう》や箔《はく》などの装飾が施されていることが多く、それぞれ判断するのは大変困難です。汚したらすぐ専門店に持って行き、プロにお任せしましょう。深いシボの縮緬《ちりめん》地や絞りの帯揚げ、帯締めなども同様です。

まとめ／藁科裕里　イラスト／ヤマグチカヨ

自分でできるお手入れ

半衿

半衿につく皮脂やファンデーションは油性の汚れなので、揮発剤のリグロインなどを使えば自宅でも落とせます。汗も含め、さっぱり落としたい場合は水洗いしましょう。絹でも塩瀬《しおぜ》や絽《ろ》なら大丈夫です。刺繍糸は色落ちや縮みの心配もあるので、華やかな刺繍半衿のお手入れはプロにお任せします。

木綿、麻、化繊《かせん》、ウールの着物

自宅での水洗い、お手入れができます。形は着物ですが、洋服と同じメンテナンス、保管方法で問題ありません。衿や袖口の汚れを落とした後で、きちんと畳んでネットに入れ、脱水しすぎないように気を付ければ、洗濯機で洗えます。ウールの場合、保管には防虫剤を忘れずに。

肌着、着付け小物

木綿や麻の肌着、ポリエステルなど化繊の裾よけは洗濯機で水洗いできます。汗で汚れるモスリンの腰ひも、伊達締めも同様です。ただし博多織の正絹伊達締めは洗うとコシが抜けてしまいますので、洗いは最小限で。

足袋

浸け置き洗いが有効です。バケツの水に重曹と中性の洗濯洗剤を溶かし、足袋を入れて浸け置き、固形石鹸で洗うことで、しつこい汚れや臭いがとれ、白く洗いあがります。

長襦袢《じゅばん》

正絹の長襦袢は手洗い、麻・化繊の長襦袢や二部式襦袢はネットに入れ洗濯機で洗えます。正絹の長襦袢は脱水後すぐにアイロンをかけると、シワや縮みがとれてきれいに仕上がります。

自分でお手入れ成功させる3ケ条

着物や小物など、自分でお手入れしたことがないと、最初はちょっと勇気がいるかもしれません。でも、ぜんぜん緊張しなくても大丈夫。思いきってやってみるのが成功の一歩です。着物の形をしているだけの布、と思って、気負わずにお手入れをはじめませんか。「たとえ失敗しても、諦めのつくものから練習してみる」というところから私もはじめました。最悪の想定をしていれば、逆に怖さが無くなりますよ。

1 汚れと生地を見極める

自分で着物まわりのお手入れをする時、まず大切なポイントは、どんな汚れがついたのかを見極めることです。汚れを水性と油性に大きく分けて考えてみてください。

その汚れは水性ですか？
それとも油性の汚れでしょうか？
汚れの状態はどうですか？
広範囲に広がっていますか？
それともどこか1ケ所だけですか？
畳んであった着物なら、畳んだ状態の時に触れている部分にも汚れがうつっているかもしれません。

そして、お手入れしたいものの生地が何なのかがとても大切です。

生地によってお手入れ方法も変わりますので、確認しましょう。

生地について、74ページにまとめましたので、わからない場合は、ご参照ください。

汚れの種類や生地によって、お手入れのアプローチは変わりますので、まず最初に、ここをしっかり見極めましょう。

2 正絹の場合、水分は、要注意!!

正絹の着物の場合、濡れた布で生地をこすると、生地表面の繊維を毛羽立たせてしまい、傷めることになる可能性があります。ビロードを逆なでした時のように白浮きしてしまったら、これは直りません。この現象を擦《す》れといいます。

擦れ直しという加工はありますが、光の屈折を変えて見えないようにするだけなので、厳密には直ってはいないのです。ですから洗い張りや染め替えをするとまた出てきます。

出先で汚れた時など、うっかり濡れたおしぼり等でたたいたりしがちですが、これは絶対にNGです。

応急処置としては、表面についた水分を乾いたハンカチ等で吸いとり（決して、こすらない）、固形物がついているようなら、それだけつまみとって、それ以上、触らないことが肝心です。あとは、専門店に持ち込み、お手入れのプロに任せてください。

濡れたおしぼりは厳禁！

3 化繊（ポリエステル）は、迷わず洗濯機洗い！

着物でも、襦袢や小物でも、とにかく化繊（ポリエステル）のもの、または化繊混紡のものは、怖がらずに洗濯機でどんどん洗ってください。とくに神経質になる素材ではありませんので、アイロンでシワを伸ばす手間もありません。

素材が特定できず心配な時には着物を扱うクリーニング店へお持ちいただき、ご相談ください。

化繊（ポリエステル）は、洗濯機へ。

霧吹き

一般的なものよりも細かいミストが噴霧される、プロ仕様の霧吹きがオススメです。霧吹きの水滴一粒一粒が大きいと水ジミになるリスクが高くなるので、ごく細かいミストであることがポイント。最初にポンプで中の圧力を高め、細かいミスト状の霧が勢いよく出る畜圧式霧吹きは、ちょっと値が張りますが、使いやすいです。

●オートマチックスプレー（畜圧式霧吹き）／マルハチ産業株式会社

重曹《じゅうそう》

足袋の浸け置き洗いに欠かせない重曹。汚れを落とすだけでなく、消臭効果もあるので足元のお手入れにもピッタリです。私は、普段の洗濯にもひとふり入れたり、浴槽に入れたり、と生活のさまざまなシーンで重曹を愛用しています。

拝見！

オススメ道具いろいろ

ものぐさをするための努力は惜しまない、という
髙橋さんのお手入れの相棒たちをまとめました。どれも手に入りやすくて、
実力重視のものばかり。着物まわりのお手入れの必需品です。

白いタオル、ガーゼ

アイロンでシワをとる時や、揮発剤を使うのに欠かせない白いタオル。落ちた汚れが一目でわかりますので、一度洗って糊を落としたきれいな白のタオルを使ってください。揮発剤でお手入れする時に使うガーゼも、シミや黄ばみなどがないものをお使いください。

揮《き》発《はつ》剤（リグロイン）

衿、袖口などの黒ズミや油性の汚れ落としなら、揮発剤。ベンジンなども揮発剤ですが、私はリグロインのほうが使いやすいので重宝しています。ベンジンよりも揮発する速度が遅いので輪ジミになりにくいようです。薬局などで手に入ります。

シューズ用ブラシ

足袋を洗う時は、シューズ用のブラシが一番だと思います。小学校の頃などに上履きをゴシゴシこすって洗っていた、アレです。なにより力が入って洗いやすいですし、パワフルに汚れを掻き出してくれます。100円ショップでも売っているシューズ用ブラシでも十分です。初めはかたいので力の加減をしてください。使っているうちに毛先が柔らかくなってぐんと洗いやすくなります。1本で10年以上は持ちます。

固形石鹸

足袋や衿、袖口、食べこぼしなど、汚れのきついところは固形石鹸で予洗いします。足袋洗いには欠かせません。重曹と中性の洗濯洗剤を溶かした水に浸け置きした後、石鹸をこすりつけてシューズ用ブラシでゴシゴシ洗うと、気持ちいいほど白く洗いあがります。固形石鹸で私が使っているのは、「ウタマロ石けん」と、ふきん用石鹸の2種類。どちらもドラッグストアなどで手に入ります。どちらもよく落ちます。

●ウタマロ石けん／株式会社東邦

着物でお出かけ Before & After

着物でお出かけする、それだけでちょっとワクワクしますよね。
着物でお出かけする時に、事前にしておいたほうがいいこと、
帰ってきたらやっておいたほうがいいこと……。
着物のお手入れの目線からまとめてみました。

季節の約束ごとやお天気の具合、着ていく場所のT・P・Oを考え合わせながら、あれこれ着物選びをするのも楽しいものです。実はこれ、楽しいだけでなく、出かける前に着物や帯の状態をチェックする意味でも、とても大切なことなんです。

　頻繁に着ている着物は心配ないと思いますが、久しぶりに着る着物は変な畳みジワがついていないか、シミやカビが出ていないかなどきちんと確認しましょう。ハンガーに吊るすだけで浅いシワはとれますし、風を通すことで防虫香の香りを飛ばしておくことにもなります。

　着慣れないうちは、なかなかコーディネイトが決まらないもの。季節の約束ごとも考えつつ、あれこれ組み合わせて、ドキドキを存分に楽しんでください。前日までにしっかりと組み合わせを考えて、当日は着付けに集中できれば安心ですよね。

　着慣れてきたら、当日の朝に思いつきのコーディネイトを楽しむというのも、自分自身の実力アップが実感できて、楽しいですよ。

出かける前にやっておくこと

● あらかじめコーディネイトしておく

初めのうちは、当日慌てないためにも、帯締めや帯揚げ、履物まで、すっかり組み合わせを想定しておきましょう。この時のポイントはお天気。注意すべきは雨や雪です。絹物を着るなら濡れない算段をするか、木綿やポリの着物に変更するのも手です。足元は滑りにくくて鼻緒に水分が染み出さないタイプのものを履いてください。

● 半衿もコーディネイト

ちょっと慣れてくると意外に忘れがちなのが半衿。コーディネイトに合わせて、半衿なども縫いつけておきましょう。

● 汚れやシワをチェック！

シミやシワ、カビなどが出ていないかチェックしておきます。この時、長襦袢の袖丈が着物と合っているかも確認してください。

● ハンガーにかけておく

着用する当日までハンガーに吊るすなどして風を通し、防虫香の香りなどを飛ばしておきます。くれぐれもお日様には当てないように。

Before

帰ってきてからすること

After

- **ハンガーにかけて汗を飛ばす**
  脱いだ着物や帯は衣桁(いこう)やハンガーにかけて、しっかり湿気を飛ばします。

- **汚れをチェック**
  汚れなかったか、ザッと全体を目でチェック。

- **揮発剤を使ってみる**
  出先で汚してしまった時は、帰宅後、揮発剤で、チャチャッと落としてみます。ダメならプロにお任せを。決してこじらせないようにしましょう。

- **洗えるものは洗濯機へ**
  正絹以外の小物類は、さっさと洗濯機へ。

着物で出かけて帰ってきたら、まず着物や帯などについたホコリなどをはらってから、衣桁やハンガーなどにかけて湿気を飛ばします。わざわざホコリ払いのためにブラシをかけたりしなくても、脱いだ着物や帯をバサッと大きく振るだけでも大丈夫。袖の中にティッシュやハンカチが入りっぱなしになっているなんてこともよくあります。この時、確認して出しておきましょう。

大切なのは空気を通して湿気を飛ばすこと。ついでに裾や袖口、衿まわりなど、汚れやすい部分を目で確認してみましょう。その時すぐに処理しなくても、何をつけた汚れかがわかっていればプロにお願いする時にもとても役立ちます。

油性汚れなら揮発剤でチャチャッと"自分お手入れ"を試してみてください。正絹についた水性汚れは諦めてプロにお任せを。

着た日から、2〜3日で片付けるのがベストです。

一晩は脱いだ着物をハンガーなどにかけて汗を飛ばします。
私は、ほぼ毎日、着物を着るので、いちいちしまわずに、ワンシーズン出しっぱなしです(笑)。

Chapter 1 ● 着物まわりのお手入れ事始め　イラスト／ヤマグチカヨ

着物でお出かけ
汚れ予防と対処法

**着物で外出した際、思わぬことで着物を汚してしまったり、
その時は気づかなくても、後々、外出時の汚れがシミやカビとなってしまったり。
着物で外出時に汚れてしまいがちなシチュエーションをピックアップ。
木綿や麻、ポリなどの着物なら自分で洗ってしまえばいいのですが、問題は正絹。
ポイントさえ押さえておけば「着物で外出」も、へっちゃらです！**

意外と汚れている!? 移動中は気をつけて。

電車やバスなど、公共の乗り物

洋服の時は気にならなかった乗り物移動の際の、うっかり汚れ。とくにイス。電車やバスのシートに座る時は、まず目視で汚れを確認。あやしい時はかならず手で触ってみてください。それは背もたれも同じです。そして腰かける時に後ろ裾を引き上げ気味にするなど、気をつけましょう。着物の裾を踏むと、思っている以上に汚れてしまう場合もあります。帰宅後、油性汚れならば揮発剤で拭いてお手入れし、とれない場合はプロに任せましょう。

着物の裾、階段に触れています

階段を昇る時

上前の裾で階段のお掃除をしていませんか?

右手を下ろした太ももあたりを上前と下前、一緒に少しつまみ上げて階段を昇るだけで、裾が階段をこすらずに済みます。振り袖の袖も同様に持ち上げましょう。

木綿や麻なら濡れたおしぼりでたたいても大丈夫ですが、あまりこすると毛羽立つので、ほどほどに。

濡れたおしぼりは、絶対に厳禁です!!

食事の時

汚しやすいシーンのひとつが、飲食の場面。ソースがはねたり、飲み物をうっかりこぼしたり……。そんな時に、やってしまいがちなのが濡れたおしぼりで拭きとること。

これは絶対に厳禁です。

なぜなら、絹は水分を含んだ状態でこすると生地に擦れ、傷みが生じるからです。さらにおしぼりの水分で汚れが広がり、輪ジミになりかねません。

汚れがついてしまったら、油分や水分をティッシュで押さえる程度にしましょう。

あとのお手入れはプロにお任せ。汚れの原因などもわかる限りの情報を伝えてください。

イラスト／ヤマグチカヨ

両袖をたくしあげて脇に挟んで、手を洗います。水ハネに気をつけましょう。

水濡れ警戒注意報！その1
外出先での急な雨降り

着物を着て出かけた先で急な雨降り、なんていうこともありますよね。お天気があやしい時には、雨ゴートや傘、スカーフなどを、できるだけ持っていってください。とにかく、水は大敵です。万が一、傘もコートもない時に雨が降ってきたら、ビニール袋をかぶってでも着物を守ってほしいのです。雨による水ジミは、紬《つむぎ》などは比較的目立ちにくいものもありますが、やわらかものの生地の場合はとくに目立ちます。

水濡れ警戒注意報！その2
お手洗いで気をつけるのは〝水〟

お手洗いの際の水ハネや、水洗いした手についた水滴などが着物に飛んで、水ジミをつくってしまうことが、よくあるパターンです。

両袖をたくしあげて脇に挟んで手を洗い、すぐにハンカチなどで水気を拭うか、そもそも洗面台には近づかず、ウエットティッシュで手を拭くのも一案です。

※水ジミのところを両手で挟んでみてください。手の温もりで静かに乾くことで水の痕が消えることもあります。

車やバイクの後ろに立たない！
排気ガス汚れ

車やバイクのエンジンがかかっている時に、排気ガスの出るマフラー近くに立っていると、排気ガスと一緒に吹きつけたように出てくるタール汚れが着物についてしまいます。車をお見送りする際や、バスの後ろに立って道を渡る時など、車の後ろ側に立たないように気をつけましょう。

つけてしまったら諦めてプロにお任せください。

自分でお手入れをはじめる前に

シミや汚れを見つけた時は、決してあわてず、適切な対応をすることが大切です。
素人判断での誤った処理で生地が傷んだり、トラブルが広がることもあります。
とくに絹は繊細な素材。自分でできること、できないことを正しく理解しましょう。

Q1

お手入れしたいものは何ですか？

A 着物 ⇛ Q 2、Q 3へ

B 長襦袢

⇛ 正絹の袷、絵羽《えば》模様や縮緬地など大切なものはプロにお任せします。化繊や麻、絹物でもカジュアルな長襦袢は自宅で洗えます（36ページへ）。

C 半衿

⇛ 鮮やかな刺繍半衿はプロにお任せします。綿や麻はもちろん、絹物でも正しく扱えば、自宅で洗えます（30ページへ）。

D 肌着、足袋

⇛ 自宅でお手入れします（32,34ページへ）。

E 帯

⇛ 化繊以外は、プロに相談しましょう。

Q2

古い着物ですか？

A はい

⇛ 縫製の糸や生地が弱っている可能性があります。破損することがあるので、専門店に相談しましょう。

B いいえ ⇛ Q 3へ

C わからない

⇛ 時代によって織りや染め、装飾、縫製などに特徴があり、対処法に違いがあるのでプロに相談しましょう。

Q3

生地は何ですか？

A わかる

⇛ **絹**

① 衿、袖口の油性汚れは自分でお手入れできます（28ページ）。
② それ以外のシミや汚れ落とし、洗いは専門店に依頼しましょう。

⇛ **木綿や麻などの自然布、ウール、化繊**

① 新しい汚れや汗は自宅で洗い、落とせます。
② 自宅で落とせない汚れ、古いシミや黄変などはプロに相談しましょう。

⇛ **絹交織《きぬこうしょく》**（ウール×絹、麻×絹など）

メーカーの説明書や洗濯表示に従いましょう。

B わからない

⇛ 一度、専門店で見てもらいましょう。

生地は何か、どんな汚れか、判断つかなければ、着物のプロに相談してみてください。

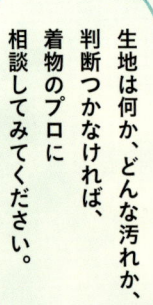

Q4

いつ汚しましたか？

A 最近〜前シーズン

⇛ 正しいお手入れをすれば、ほとんどが落とせます。衿や袖口の汚れは自分でお手入れしてみましょう。

B 数年以上

⇛ シミや汚れが生地に沈着しているかも。黄変やカビが発生している場合、薬品処理などが必要になるので、かならず専門店に相談しましょう。

Q5

汚れの原因は何ですか？

A 皮脂やファンデーション

⇛ 自分でお手入れできます （28ページへ）。

B 汗

⇛ 洗い張りをしないと落ちません。正絹はプロにお任せしましょう。木綿や麻なら自宅で水洗いできます （26ページへ）。

C 食べ物やドレッシング

⇛ 油性の汚れやタンパク質、食べ物の色素など数種の成分が付着しているので、絹物は自分でお手入れできません。専門店で見てもらいましょう。

D お茶やお酒

⇛ 正絹でシミになったものは自分では落とせません。プロに相談しましょう。木綿や麻なら、早めの洗濯で落とせます。

E 泥

⇛ 泥の跳ね返りは完全に乾かしてからもんで落とします。それでも残るようならプロに相談。アスファルトの油分や泥などが混在し、単純な汚れではありません。

Q6

着物をどうお手入れしたいですか？

A とりあえず自分でできることはしたい

⇛ 木綿や麻は自宅で洗濯、お手入れできます。正絹は皮脂やファンデーションなど油性の汚れだけです。着た後の陰干し、畳む・しまう時のチェック、手入れを行うことでメンテナンスのコストを最小限に抑えることができます。

B きちんとプロに任せたい

⇛ 上記以外の正絹の汚れはプロに相談。その際に汚れの原因をできるだけ伝えましょう。それにより作業がはかどり、生地も傷めず、コストも抑えられます。

女将のかわら版 1

ものぐさでも、美しく着物を着たいから

私は着物が嫌いでした。

正確には、半衿つけを含む、着るまでのプロセスと後始末が、本当にイヤだったのです。

さらには、後始末に含まれるシミ抜きや丸洗い、洗い張りなど、メンテナンス料も当時の私のお小遣いでは相当な痛手でした。着るたびにお札が何枚も飛んでいってしまうようでは、着物を着たいとは思わないですよね。

でも、悉皆屋である家業を継ぐと決めてしまったからには好きにならなくちゃ……と、悶絶するような思いに日々苦しむ中で、たかはしきもの工房の看板商品である「満点スリップ」が生まれました。メンテナンス代をかけたくないなら着物に汚れをうつさなければいいんだ!というシンプルな考えから生まれたスリップです。

その一方で、もっと気楽に着物を楽しんで着ていただきたい、このままでは着物文化そのものが消えてしまうという切実な気持ちがありました。

わざわざ専用の小物を買い足さなくても、簡単できれいな着方をしていただくにはどうしたらいいか。いかに楽チンにアイロンをかけるか。面倒くさくない半衿のつけ方、できるだけ安価なお手入れ方法なども、着物を身近に感じてほしい一心で取り組んできました。

ものぐさで、できるだけお金を使いたくないくせに、きれいに着物を着たいというとてもわがままな自分の願いに、忠実に、ひとつずつ答えてきたからこその〝今〟があります。

正絹を縮める、テリを出す、擦れをつくるなど、あげたら枚挙にいとまがないほどたくさん失敗を積み重ねて、自分なりの方法を見つけました。

そういう意味では、着物を着る人より着物を解いて小物をつくっている方のほうが、正絹でも自分で洗ったり染めたりしているので、扱い方は詳しい気がします。着物好きの方は大切に思う気持ちが強すぎて、安易に自分で触ることを躊躇《ちゅうちょ》される場合が多いですね。

でも、それでは本当の意味で着物を身近なものにはできないのではないでしょうか。

大切に思う気持ちはそのままに、もっと普通に着るものであってほしいと願うばかりです。

イラスト／ノラヤ

Chapter 2

魔法のお手入れ

―洗う―

“水性の汚れ”の場合

**手を洗った時や、雨上がりの道を歩いたりした時の水ハネ。
喫茶店などで出される水を飲もうとしてコップの水滴が着物に……。
なにげない水性の汚れは、意外とあなどれません。**

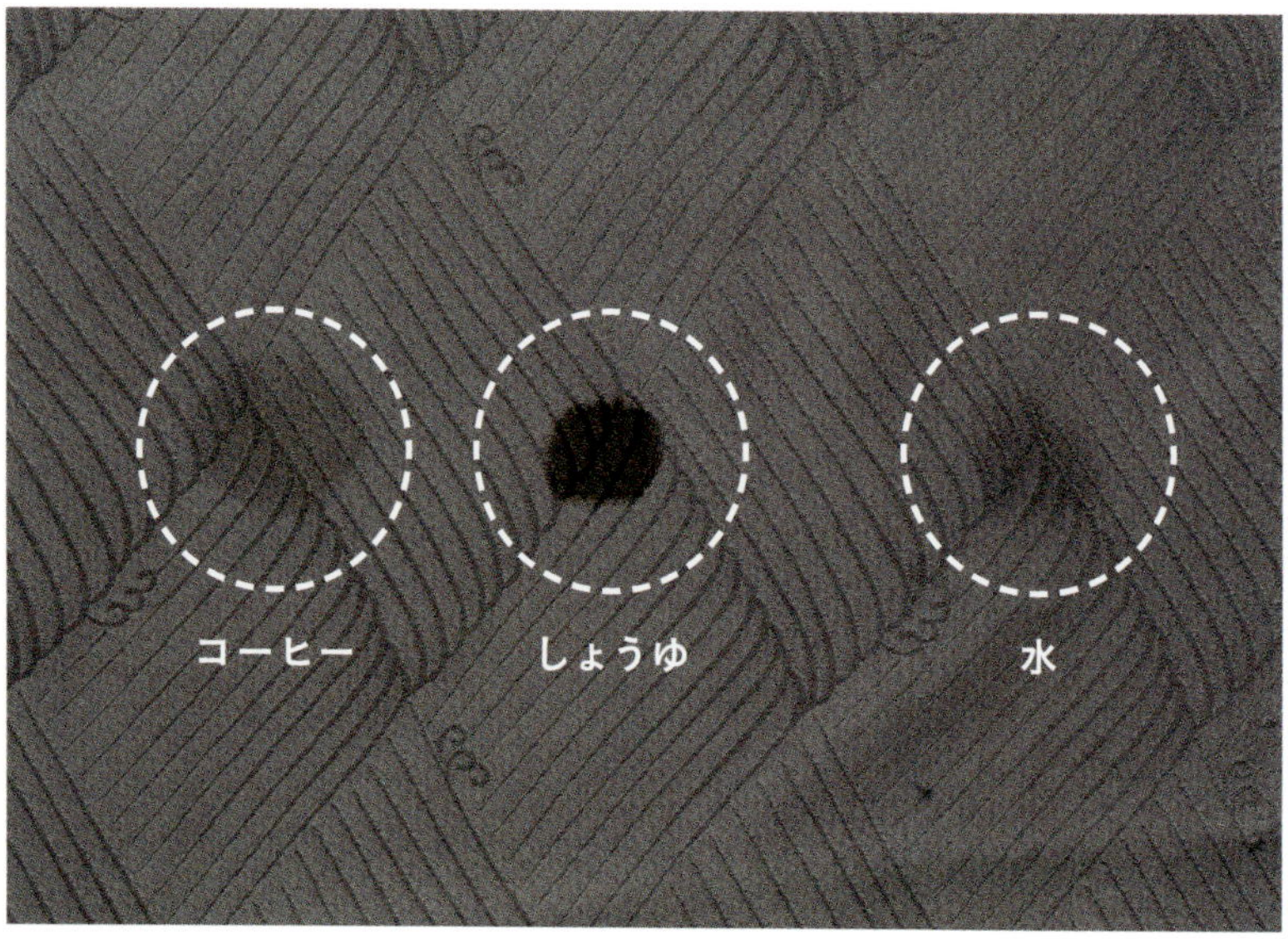

特徴

水性の汚れとは

汗や水、お茶、しょうゆ、コーヒーなど、水溶性のものが原因の汚れです。一見、あなどりがちな汚れですが、しっかりシミになります。さらに、経年で黄変やカビを招く大きな要因ともなります。

基本のお手入れ

水やお茶をこぼしてしまったりした時、思わずやりがちなのが、濡れたおしぼりでトントンとたたく行為。こすらないようにトントンたたくといっても、かならず生地表面をこすってしまうものです。濡れた状態で生地をこすると、ビロード生地を逆なでしたように毛羽立って、白浮きしてみえます。これを擦《す》れと呼びます。この生地の傷みは基本的に直らないので絶対にやめましょう。ティッシュなどで押さえて、余分な水分を吸い取る程度にとどめ、きちんと専門店でお手入れしましょう。

丸洗いなどドライクリーニングに出しても、水性汚れは落ちません。ドライクリーニングで落ちるのは油性汚れです。正絹《しょうけん》の場合は悉皆屋など着物のプロにお任せください。

それ以外の木綿、麻、ウールなどは自分でもお手入れできます

イラスト／ヤマグチカヨ

「正絹」の水性汚れはプロにお任せ

- 正絹着物の水性汚れは、迷わずプロに任せましょう。
- 水分を含んだ正絹は、こすれると毛羽立ち、白浮きなど、生地が弱る原因になります。
- 麻、木綿、ウール、ポリエステルなどは自分で水洗いできます。
- 汗をかいても着物に残さないことが大切です。
- 水性の汚れはカビをよんだり、シミの原因となります。

血液などの〝タンパク質〟汚れ

血液などのタンパク質汚れは、大きく分けると水性汚れといえますが、厳密には不溶性です。

正絹の着物ならプロに任せ、それ以外（帯、帯締めは除く）でしたら自宅で洗えます。タンパク質は熱で固まる性質なので、お湯洗いはNG！ 水で浸け置きしてから洗うことをオススメします。それでもすっきり落ちにくかったり、中に染み込んだタンパク質汚れが、後々になってシミとして浮き出てくる場合もありますので、着物や長襦袢に汚れをうつさないような機能性のある下着を選ぶことをオススメします。

「正絹」以外の着物の水性汚れは水洗い

正絹以外の素材でしたら、自宅でお手入れできます。
汗などの水性汚れは、ドライクリーニングでは落ちません。
木綿、麻、ポリエステル製の着物ならば、もっと気楽に扱いましょう。
とくに麻は水と好相性の繊維ですので、怖がらずに洗ってみましょう！

木綿、化繊

木綿や化繊、混紡の場合は、手洗いorネットに入れて洗濯機へ。

1

ネットに入れる。

洗濯ネットに入る大きさに着物を畳んで入れます。洗濯ネットは中の着物が動きにくいものをオススメします。

2

いつもの通り、洗濯。

洗濯は、いつもの洗濯コースで、中性の洗濯洗剤を使います。※蛍光剤、漂白剤入りのものは退色の原因になりますので、オススメしません。

3

不安なら手洗いで。

洗濯機洗いが不安な場合は、手洗いで。水（またはぬるま湯）に中性の洗濯洗剤を溶かしたところへ、畳んだ着物を入れて押し洗いします。

4

脱水したら、すぐアイロン！

洗いあがり、脱水が終わったら、すぐに温度を高温に設定したアイロンでシワを伸ばします。アイロンは半乾きの状態までで終えます。

5

半乾きになったら、干す。

全体にアイロンをかけ、半乾きの状態にしたら、風通しのいい日陰に干します。

乾いたら畳みながらアイロン。

アイロンのかけ方は44ページへ。畳みながら折り目にアイロンをすべらせると、きれいに畳めます。アイロンの温度は素材に合わせます。

麻

麻は植物の繊維なので、丈夫で水が大好き。怖がらずに水洗いしましょう。

1

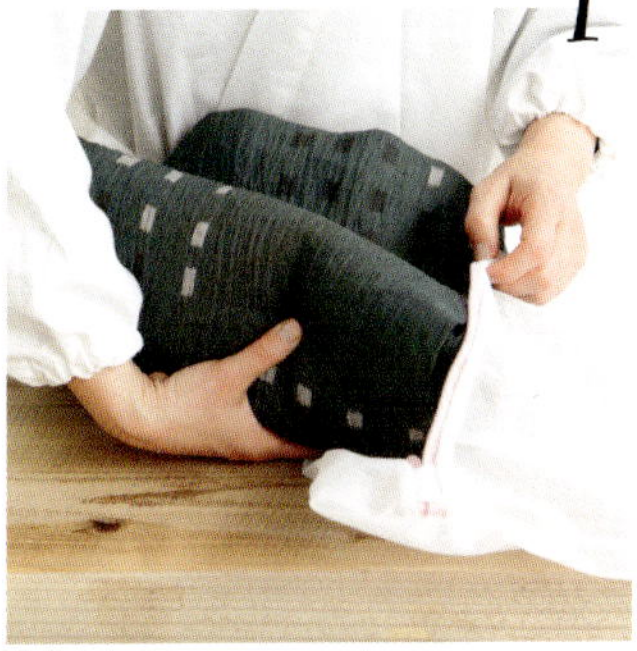

ネットに入れて洗濯機へ。

洗濯ネットに入る大きさに着物を畳んで入れます。衿など汚れの目立つところは、つまみ洗いしてから、いつもの洗濯コースで、中性の洗濯洗剤を入れて脱水まで一気に。

2

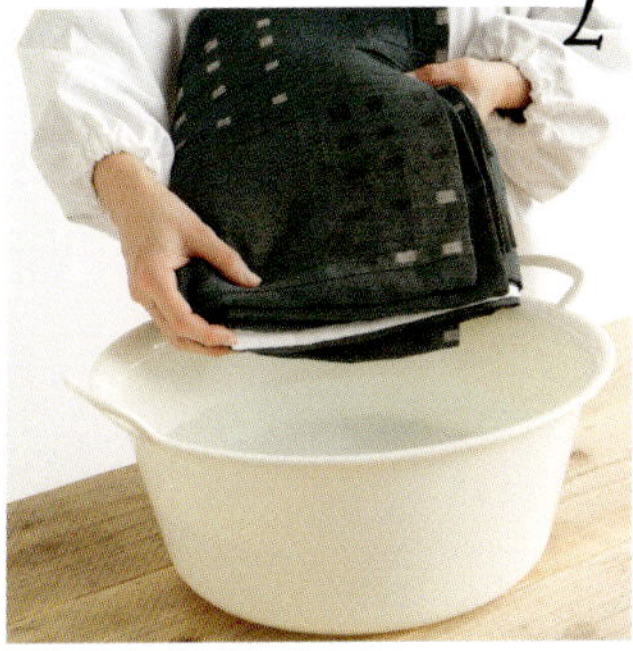

手洗いでもOK。

もちろん手洗いでもOKです。水またはぬるま湯に中性の洗濯洗剤を溶かして、押し洗いしたら、よくすすぎ、洗濯機で脱水します。

3

楊柳《ようりゅう》地は、アイロンいらず。

楊柳地の麻は、アイロンはNG！ 楊柳は熱でシボシボをつける加工をしていますので、アイロンをかけると生地が伸びてしまいます。手でたたいてシワを伸ばしましょう。平織の麻は脱水後すぐにアイロンでシワを伸ばします。

4

完全に乾かす。

風通しのいい日陰に干します。麻はすぐに乾きます。完全に乾いてから畳んでしまいましょう。

洗濯ネットはYシャツサイズ、または着物専用ネットで。

洗濯ネットに着物などを入れて洗濯機で洗う場合、ネットの中で着物が動くようでは、洗っている間に偏ってしまいます。洗濯ネットに対して着物がぴっちり入るように畳むとシワになりにくいです。畳む時に衿や袖口を外側にして畳むと汚れが落ちやすいです。

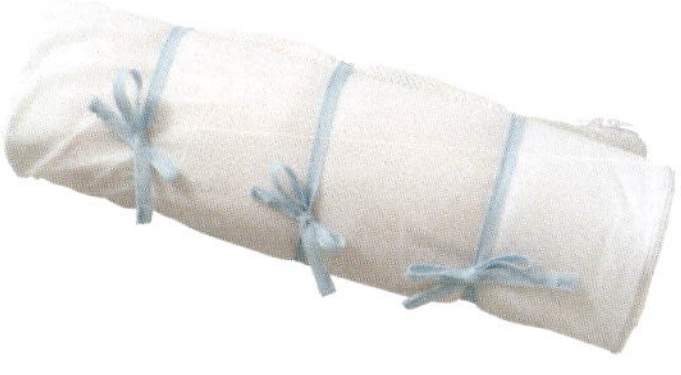

●着物きちんと洗えるせんたく姫
／たかはしきもの工房

“油性の汚れ”の場合

ファンデーションや皮脂、料理のソース、排気ガスによる汚れなど、身のまわりに油性汚れはたくさんあります。油性の汚れは揮発《きはつ》剤を使ってお手入れします。

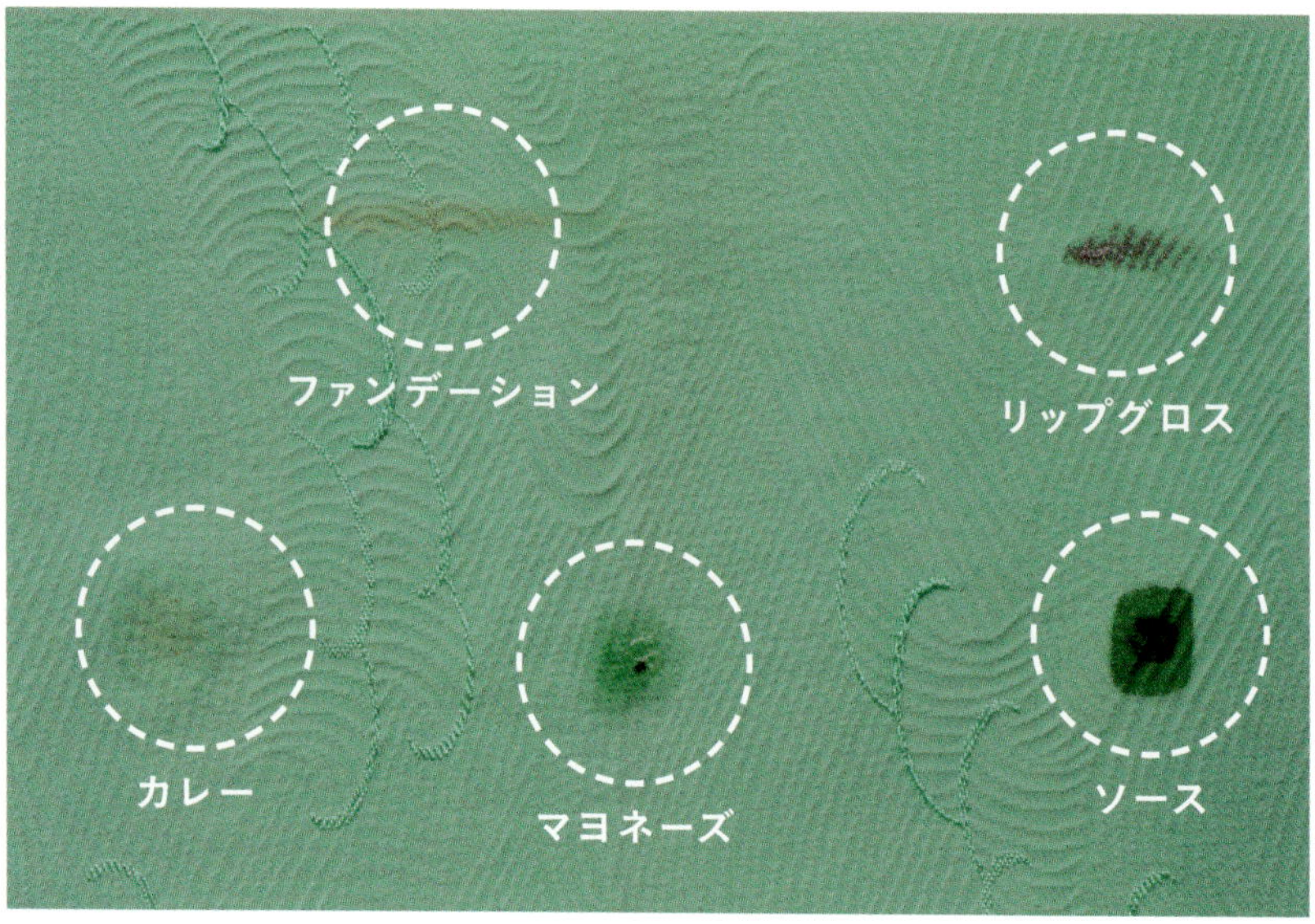

特徴

油性の汚れとは

化粧汚れやインク、ソースなど油性のものが付着した汚れです。確実にシミになり、経年で油分が酸化してしまうと変色や虫喰いの原因となります。

基本のお手入れ

衿についた化粧汚れや、袖口などについた皮脂汚れは、薬局などで手に入るリグロインなどの揮発剤である程度は自分でお手入れできます。

皮脂などによる黒ズミ汚れは比較的すぐ落ちます。

衿や袖口など、汚れやすいポイントは、気づいたら自分でお手入れしましょう。何度も繰り返して揮発剤を使ってもきれいになりにくくなったら、プロに任せるタイミングです。すっきり仕上がりますよ。

※揮発剤で染料が落ちることは普通ありませんが、まれに柔軟加工などの仕上げ加工剤が使用されている場合、溶剤中に染料が吸着される場合があります。心配な時には目立たないところで試してください。

また、最近の喪服は深色染《しんしょくぞめ》という、より黒く見える染色が用いられている場合が多いです。これらも揮発剤でのお手入れで白浮きすることがあります。

イラスト／ヤマグチカヨ

リグロインを使ってみましょう

**皮脂や化粧などによる油性汚れは、揮発剤を使って自分でお手入れできます。
とくに「リグロイン」という薬剤は扱いやすく、薬局などでカンタンに手に入ります。
ベンジンなどに比べ、輪ジミになりにくいのが特徴です。**

1

白いタオルを敷く。

揮発性の薬剤を扱うので、窓を開け、換気します。汚れをうつす白いタオルを敷きます。

2

お手入れ箇所を広げる。

タオルの上に汚れを落としたい箇所を広げます。

3

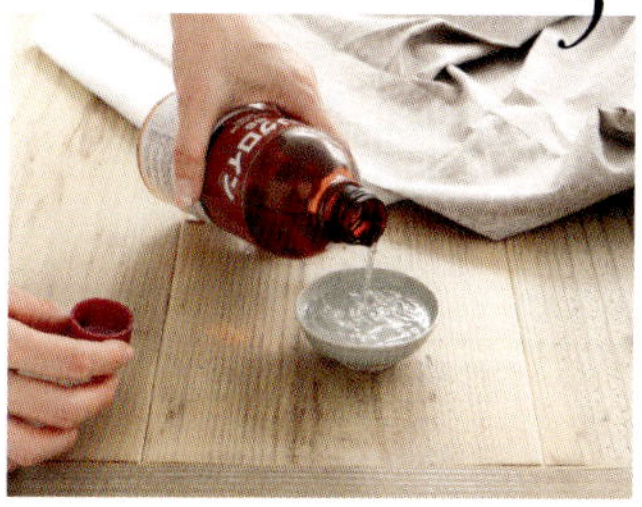

やや深さのある小皿を用意。

少し深さのある小皿などに揮発剤を注いで準備します。

4

薬剤をたっぷり染み込ませる。

カーゼやさらしに揮発剤を、したたるほどたっぷり含ませます。

5

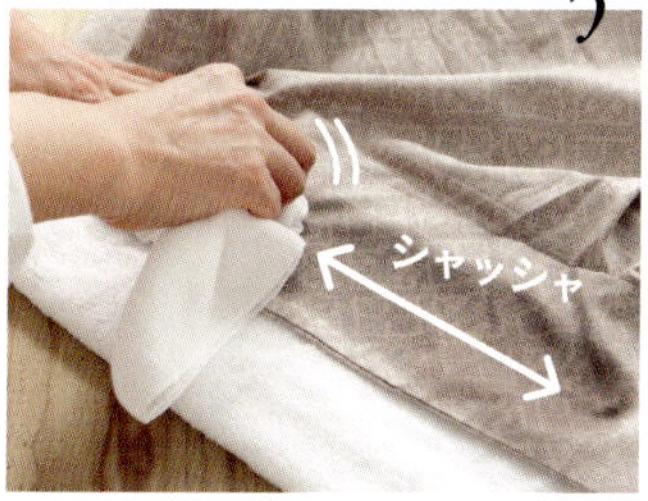

たっぷりつけて、しっかり拭く。

一気に汚れのある箇所を広めにシャッシャと拭きます。薬剤がしっかり下のタオルに染みるほど、揮発剤をつけては手早く拭きます。

6

さらにトントンたたく。

下に敷いたタオルに汚れを落とすイメージで、ガーゼでトントンとたたきます。

7

残った薬剤を揮発させる。

汚れが落ちたら生地を持って大きく振り、薬剤を飛ばします。薬剤が奥深くに残っていることもあるので、風通しのいいところで一晩、干して、薬剤を完全に飛ばしてください。

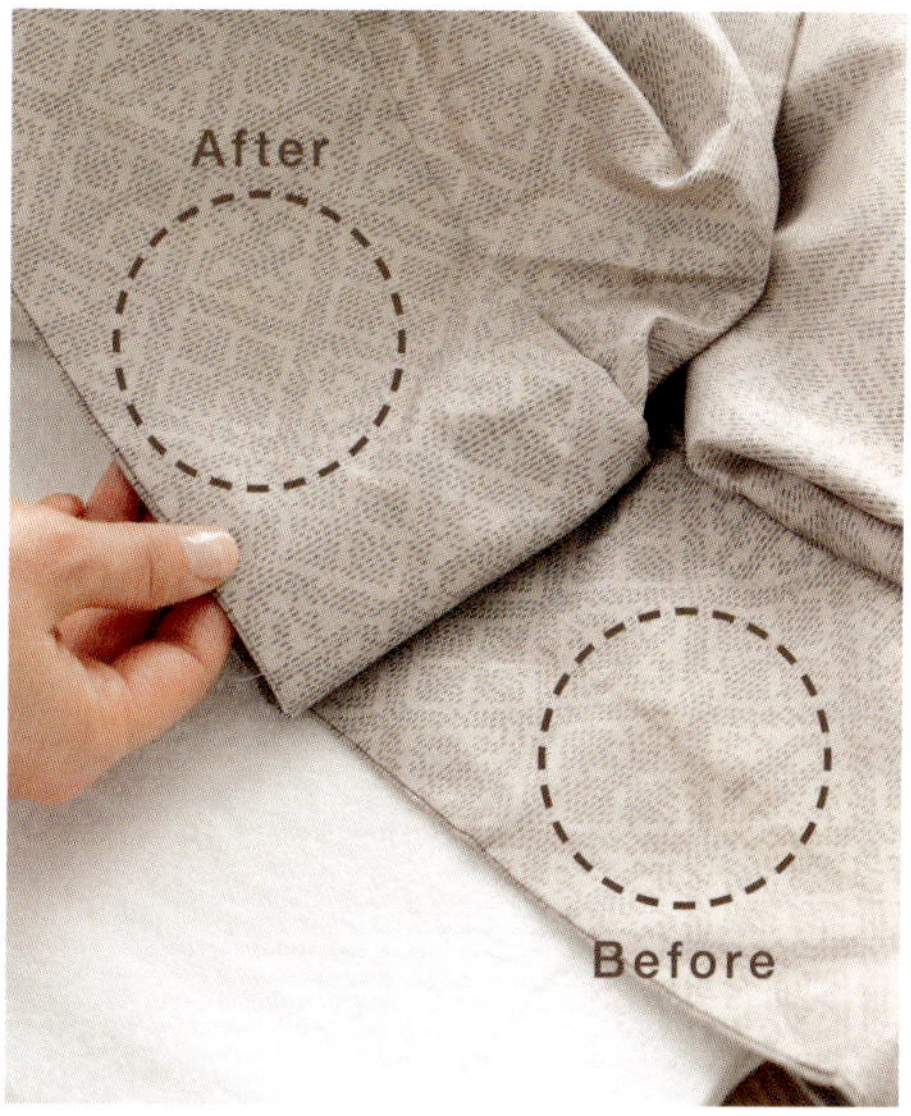

右がお手入れ前。左がお手入れ後。1回でほとんど落ちました。1回で落ちなかった場合は、2〜3回、繰り返してください。ただし、あまりやりすぎると生地を傷めますので気をつけましょう。汚れが落ちにくくなったな、と思ったら、丸洗い、部分洗いのタイミングです。

※たっぷり使うことがポイント。多めの揮発剤で汚れを溶かし、下に敷いたタオルに落としてうつします。

リグロインで輪ジミになってしまったら？

揮発剤による輪ジミは、扱い方の上手下手だけでなく、着物の汚れの状態によっても起こります。その際は、悉皆屋さんに持ち込み、揮発剤で輪ジミになった、ときちんと伝えましょう。丸洗いで、きれいになりますよ。

自分でお手入れ！の基本 1

半衿のお手入れ

衿元が美しく決まっていると、着物姿全体が美しく見えるものです。
半衿は自分でカンタンにお手入れできるので、手はじめにやってみましょう。

半衿いろいろ。左から楊柳、絽《ろ》(麻)、絽(正絹)、折鶴の刺繍入り(ナイロン地)、塩瀬《しおぜ》(正絹)、地紋の美しい礼装用(正絹)、カジュアルな装いに格子柄(正絹)、縮緬(正絹)、手染め絞り模様(正絹)、井桁《いげた》模様の刺繍(正絹)(いずれも参考商品)

基本のお手入れ

着物まわりのお手入れで、一番頻度の高いものが半衿のお手入れ。

よほど汗をかいたのでなければ毎回、洗わなくても、と思いますが、次に着物を着るのは何ケ月も先という場合は、半衿をそのままにしておくと肌に触れたところが黄ばむ可能性もあるので、やはり半衿を外して洗っておいたほうがよいです。

正絹以外の半衿は、洗濯機洗いでOKです。ネットに入れて洗濯機で普通に洗います。

正絹の半衿（刺繍のものは除く）は手洗いしてください。いずれの場合も洗い終わったら、「すぐにアイロン」でシワがカンタンにとれます。

ものぐさ女将のカンタン半衿つけの方法は70ページ！

半衿を手洗いしましょう

1

半衿を外す。

糸を引き抜くようにして、長襦袢から半衿を外します。

2

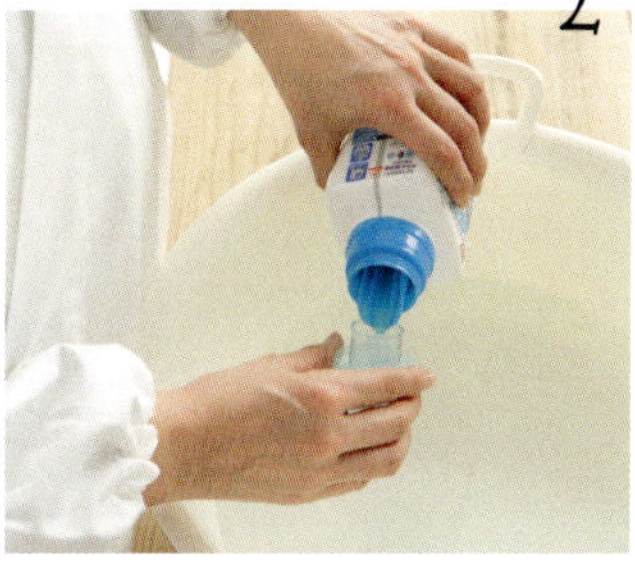

正絹は手洗い。

正絹の半衿は手洗いします。ぬるま湯に中性の洗濯洗剤を溶かし入れます。正絹以外の半衿はネットに入れて洗濯機洗いでOKです。

3

汚れのきついところはつまみ洗い。

全体を押し洗い。汚れのきついところだけ、つまみ洗いをします。ただし、正絹の場合は濡れた状態でこすると白浮きしたような傷み（擦れ）が生じるので、濃い色の半衿は気をつけましょう。

4

仕上げは、ヘアリンス！

仕上げにヘアリンス少々を使うと風合いが保たれます。

5

半衿１枚なら、タオルドライ。

水ですすいだ半衿を、乾いたタオルで挟み、クルクルと巻きます。

6

グッと握って、脱水。

乾いたタオルに半衿の水分を吸わせるように、グッと握ってタオルドライ。

7

アイロンで半乾きに。

半衿を引っ張り気味にしながら高温のアイロンをかけます。水分がある程度飛び、アイロンがフッと軽い感じに変わったら半乾きになったサイン。半乾きの状態で作業を終えます。

8

日陰干しで乾かす。

半乾きの状態のまま、ハンガーなどにかけ、日陰で完全に乾かします。

私が柔軟仕上げ剤を使わない理由

柔軟仕上げ剤にも蛍光剤や漂白剤などが入っている場合があり、変色してしまった経験があります。以来、私はヘアリンスを仕上げ剤として愛用しています。

自分でお手入れ！の基本 2

足袋のお手入れ

足袋ほど汚れやすいアイテムはありません。
白い足袋は、いつでもピカピカに白く！　カンタンにできるお手入れ方法です。

足袋は、メーカーによってサイズ感が違うので、自分の足にピッタリなものを探してみましょう。二重裏ネル足袋（上左）、ボンフィット足袋（上右）、下段時計回りに　綿底ナイロン足袋スベリ止め付、ロゴム足袋カバー、テトロンブロード足袋（裏さらし）、本麻足袋、美容のびる足袋（いずれも参考商品）

基本のお手入れ

足袋は、いつも白く美しく保ちたいものです。

私はほぼ毎日、着物を着ていますので足袋は毎日、汚れます。1日履いた足袋を、重曹と中性の洗濯洗剤を溶かした水に浸け置き、後でまとめて洗っています。このほうが、脱いですぐに洗うより、汚れがしっかり落ち、においもとれると思います。

足袋は浸け置き洗い。

これは、ものぐさな私ならではの経験値で得たことです。

浸け置いた足袋は、汚れの目立つところに固形石鹸をこすりつけ、シューズ用ブラシでゴシゴシ、汚れを落とします。

さらに、水溶性の洗濯糊で仕上げると、より白く、また汚れがつきにくくなります。

足袋を手洗いしましょう

1

重曹と中性の洗濯洗剤を溶かす。

タライのぬるま湯に重曹大さじ1程度と中性の洗濯洗剤少々を溶かします。

2

一晩、浸け置き。

汚れた足袋を入れ、一晩、そのまま浸けて置きます（重層の影響で、こはぜの色が変わるものもあります）。

3

固形石鹼をつける。

足袋の中に手を入れて、汚れの目立つところに固形石鹼をこすりつけます。

4

ブラシでゴシゴシ洗い。

シューズ用のブラシなどで、こすり洗いします。

5

ブラシは指にあてる。

足袋の中に手を入れて、上下左右、指にあてるようにブラシでこすります。

6

つま先の間もきれいに。

つま先は、鼻緒があたっているところも汚れています。ブラシでしっかりと汚れをこすって落としましょう。

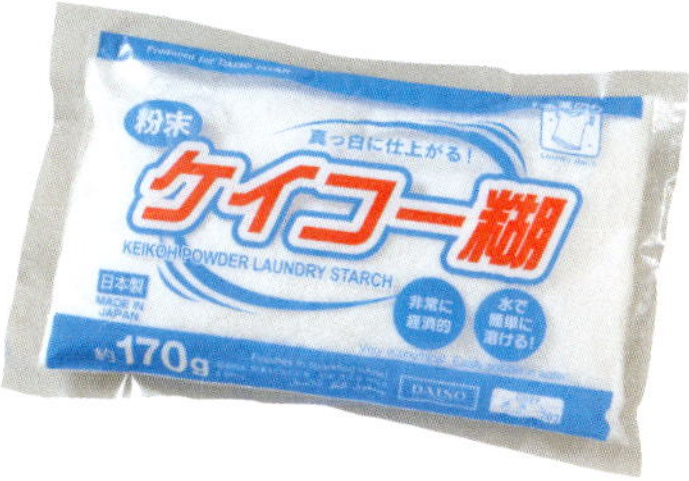

仕上げに水溶性の洗濯糊を使うと、より白く仕上がり、汚れも落ちやすくなります。
●ケイコー糊／ダイソー

足袋を洗いあげる固形石鹼は、ふきん用石鹸や「ウタマロ石けん」がオススメです。

腰ひもなど小物類のお手入れ

肌に近いところで着る肌着やひも、着付けに必要な小物類などいろいろ。
自分でお手入れできるもの、できないものがあります。

基本のお手入れ

肌襦袢や裾よけ、東《あずま》スカート、ステテコ、和装ブラジャー、腰ひも、胸ひも、伊達締め（正絹以外）、帯揚げなど小物類は、ほとんど手洗い、またはネットに入れて洗濯機洗いでOKです。肌着類は黄ばみや黒ズミのある衿まわりや脇の下などをあらかじめつまみ洗いしてから洗濯機洗いすると気持ちがいいです。

私はものぐさなので、別洗いせず、直接、汚れの目立つところに固形石鹸をこすりつけてから洗濯機に放り込みます。

帯締めは洗ってしまうとクタッとハリがなくなりますので、洗わないこと。正絹の伊達締めも、水を通してしまうと、だんだんハリがなくなってしまいます。

ボール紙などの芯の入った帯板や帯枕も洗濯はタブー。これらは、洗わないようにしてください（ただし、品物によっては、水洗いが可能なものもありますので、表示をよく確認してください）。

小物をお手入れしましょう

ひも（モスリン等）

腰ひも、胸ひもとも、一番多く流通しているのは、モスリンのひもです。モスリンはウール。ネットに入れて洗濯機洗いでOKです。洗いあがったら干す前にアイロンでシワを伸ばすとカンタンです。木綿地のひもも同じお手入れです。

帯揚げ（正絹）

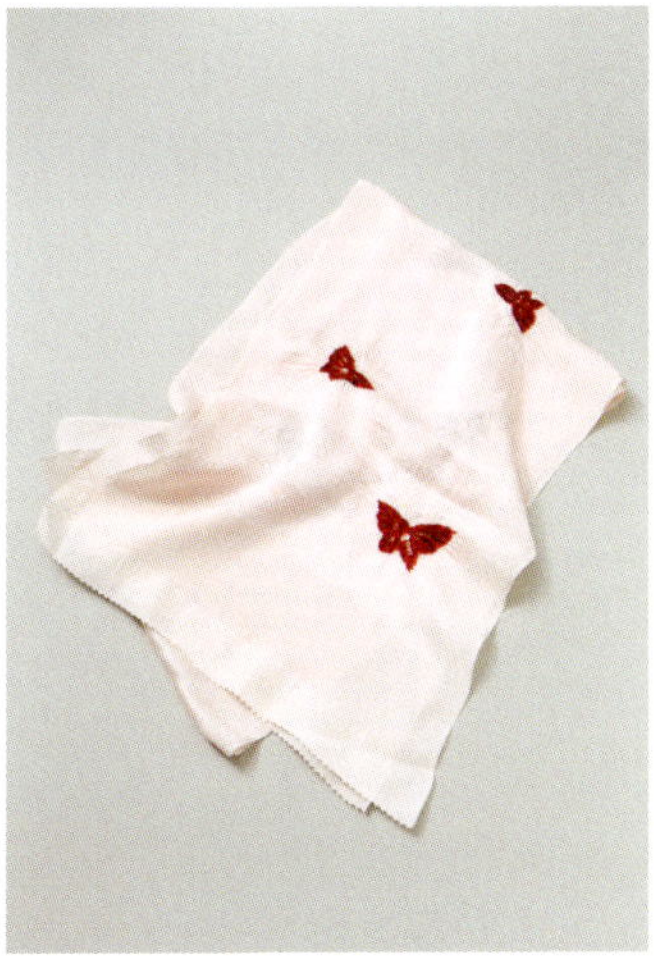

手洗いします。柔軟剤代わりにヘアリンスで仕上げて脱水またはタオルドライし、すぐにアイロンをかけてから干します。縮緬地は、洗いあがったらかなり縮むこともありますが、大丈夫。手で引っ張って伸ばすようにしながらアイロンをかけましょう。
絞りがあるものはシボが伸びきらないように注意してアイロンをかけます。ポリエステルなら洗濯機。怖がらずに挑戦してください。

※正絹はかならず染料が落ちると思ってください。色うつりするので1枚ずつ洗いましょう。

帯板、伊達締め、帯締め

帯板
ボール紙の芯が入っていなければ折らないように注意しながら手洗いできます。

正絹の伊達締め
水を通すとハリがなくなるので、極力、水洗いしないほうが長持ちします。

帯締め
帯同様、洗いません。クタクタになって風合いやハリを損ないます。

下着（肌襦袢、裾よけ、和装ブラ、ステテコなど）

ネットに入れて洗濯機洗いの後、一般的な洗濯物と同じように干します。それぞれの生地の種類にもよるので、取り扱い説明のタグを確認しましょう。

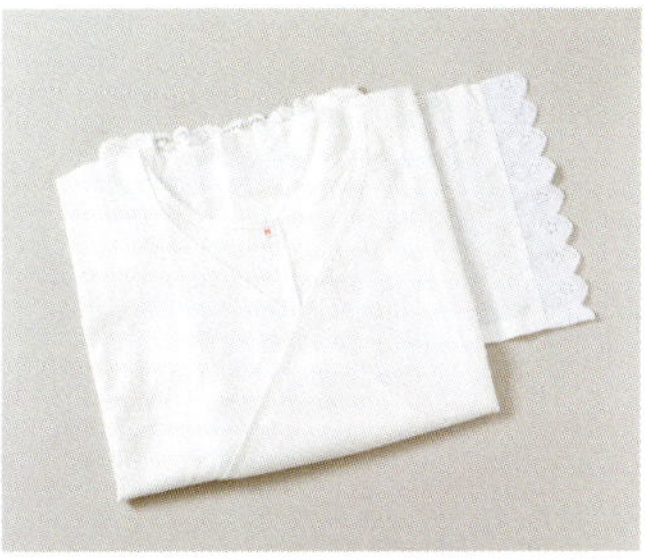

おうちでできるカンタン！ドライクリーニング！

たとえば伊達締め。クルクルまるめて、ほどよい大きさの容器に入れます。そこに半分くらいの揮発剤（リグロイン）を入れて蓋を閉め、シャカシャカ振ります。液に汚れが移ったら、薬剤から取り出し、軽く絞って干します（手が荒れやすい人はゴム手袋を忘れずに）。
※水洗いした時と同じように生地に若干のかたさは出ます。

自分でお手入れ！の基本 4

長襦袢《ながじゅばん》のお手入れ

肌着と着物の間にあって、汗などで汚れやすい長襦袢は、自分でお手入れしたいものです。
正絹の長襦袢でも、怖がらずに自分でお手入れして、さっぱりしましょう。

基本のお手入れ

正絹の長襦袢をお手入れするのは勇気がいるかもしれませんが、慣れれば、いつでもさっぱり着られます。

正絹の長襦袢は中性の洗濯洗剤で手洗いし、ヘアリンスで仕上げることを私はオススメしています。髪の毛も正絹も動物性タンパク質ですからぴったりです。一般的な洗濯用の柔軟仕上げ剤だと、蛍光剤や漂白剤が配合されているものもあり、退色の原因となることもあるので、オススメできません。ヘアリンスはノンシリコンのほうが理想的です。長襦袢1枚に対してリンスは小さじ1が目安。リンス効果が効きすぎるとツルツルしすぎて着にくくなったり糸がスリップして生地が身裂けする原因にもなります。正絹以外は洗濯ネットに入れて洗濯機洗いでOKです。

注意点

洗濯機洗いする場合、脱水の後、風乾燥までセットになっている機種もあるようですが、脱水までで止めてください。もちろんタンブラー乾燥は厳禁です。

長襦袢を洗ってみましょう

麻

ネットに入れて洗濯機。

畳んでネットに入れ、いつも通りに洗濯機洗いします。脱水後、平織なら高温のアイロンでシワを伸ばし、楊柳なら手でたたいてシワを伸ばしてから干します（アイロンのかけ方は44ページ参照）。黄ばんでいたら塩素系漂白剤を使用します（色柄ものは酵素系漂白剤）。

正絹

手洗い＆リンス仕上げ！

中性の洗濯洗剤を溶かした水に畳んだ長襦袢を浸し、押し洗いします。汚れのきついところは洗剤を直接つけてなじませた後、振り洗い。よくすすいだら、ヘアリンスを水に溶かしたところへ浸けます。すすいでから脱水し、すぐにアイロンでシワを伸ばしてから干します。
リンスは長襦袢1枚に対して小さじ1が目安です。

混紡

品質表示証
タテ　絹100％
ヨコ　毛　90％
ナイロン　10％
巾40cm　長さ12.5m

化繊混紡なら、
ポリエステルと同じお手入れ。

絹×ナイロン、綿×ポリエステルのような化繊と天然素材の混紡は、基本的にポリエステルと同じお手入れで大丈夫ですが、混紡は、いろいろな種類があります。どんな生地なのか、洗濯表示をきちんと見ましょう。

ポリエステル（化繊）

ネットで洗濯機。
リンスもアイロンも不要！

畳んでネットに入れ、いつも通りに洗濯機洗いします。
脱水後は、手でたたいてシワを伸ばしてから干します。
リンス、アイロンどちらも不要です。

自分でお手入れ！の基本 5

浴衣《ゆかた》のお手入れ

綿や麻といった生地が多い浴衣なら、正絹を自分で洗うのが怖い人でも大丈夫。浴衣は汗や皮脂汚れなどがつきやすいので、思いきって洗濯機で洗ってみましょう！

浴衣地、いろいろ。
左から綿、綿楊柳、綿（いずれも参考商品）

基本のお手入れ

楽しい夏の思い出を共にした浴衣。きちんとお手入れして、来年もまた、すっきり気持ちよく着られるようにしましょう。

浴衣のお手入れ、といっても、着物の形はしていますが、綿や麻など普段着ているシャツと基本的に素材は同じです。怖がらずにやってみましょう。

注意点

最近は、綿や麻のほかに、ポリ混などいろいろな生地があるので、表示をチェックしましょう。

浴衣を洗ってみましょう

1

畳んでネットに入れる。

浴衣を畳んで洗濯ネットに入れます。ネットのサイズにぴっちり入る大きさに浴衣を畳みます。

2

いつも通り、洗濯機洗い。

洗濯機に入れ、中性の洗濯洗剤で、いつもの洗濯コースで洗います。

3

脱水が終わったら、すぐにアイロン。

脱水が終わったら、すぐに温度を高温に設定してアイロンをかけます。

4

引っ張りながらアイロン。

水に濡れたことで、縫い目が若干つっているので、アイロンをかける時は、引っ張りながらかけます。

5

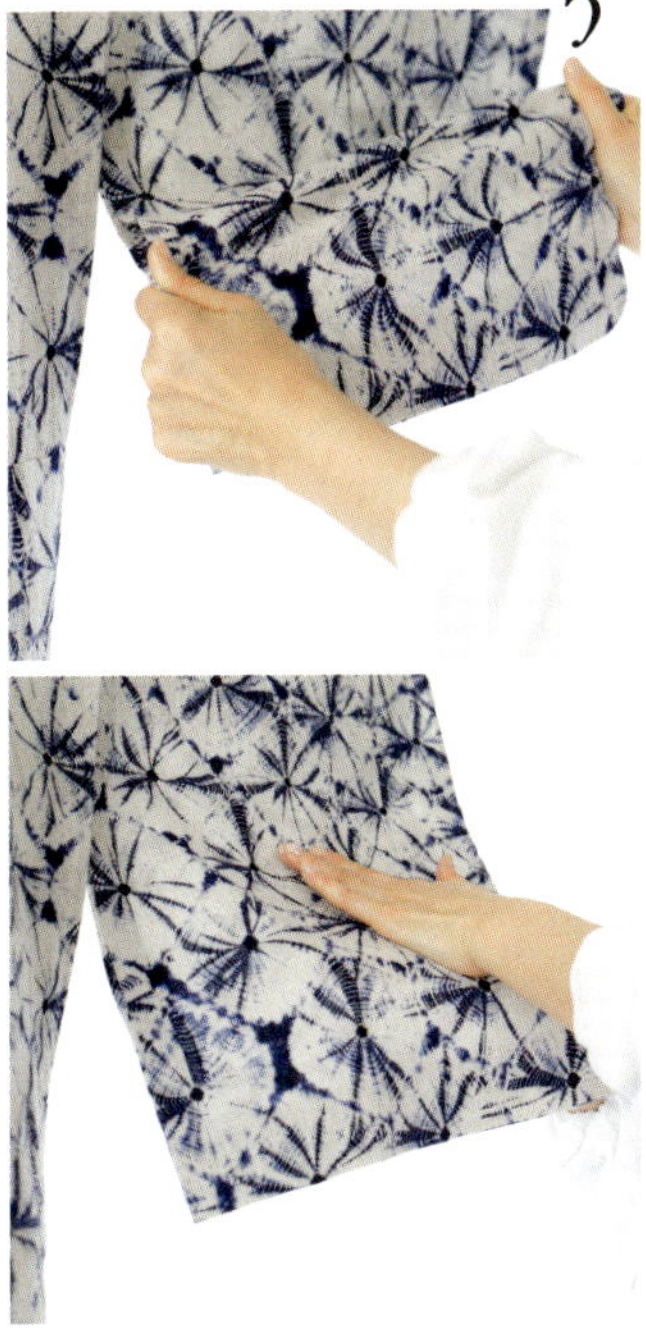

楊柳地は、アイロン不要。

楊柳地の浴衣はアイロンをかけずに、手でパンパンとたたいてシワを伸ばします。

6

日陰干しで乾かす。

着物ハンガーにかけたら、ゆがみのないように整え、干します。

浴衣の糊づけ

最近のある程度の価格帯（1万円〜）の浴衣地は糸も織りもしっかりしています。糊づけするかしないかの判断基準は、生地にパリッと感があるか、フワッと柔らかいかです。パリッと感のある生地は、糊づけする必要はありません。

着物のお手入れ Q&A

Q 喫茶店でコーヒーを正絹の着物の上にこぼしてしまいました。すぐにお手入れに持っていけません。もう着物はダメですか……。

A **ぜんぜん大丈夫ですよッ！**

1日でも1週間でも、1ケ月くらいでも、〝すぐ〟の範囲です。心配しないでください。あわてず、プロにご相談ください。

コーヒーなど食べ物の色素がついてしまった場合、染色補正士というプロが、汚れをほとんど目立たなくしてくれるはずです。その技は、本当に素晴らしいんですよ！

Q お手入れは、毎回、着るたびにしたほうがいいのでしょうか？

A **いいえ、そんな必要はありません。**

丸洗いは石油系溶剤で洗いますから、私は極力、洗わない選択をしています。丸洗いに出す私なりの判断基準は、「袖口や裾まわりに黒ズミが出てきたら」と、「膝やお尻にヨレッと感が出てきたら」。

木綿や麻のものは、自分でお手入れできます。〝洗う〟ことは劣化にもつながることを心に置いておきましょう。

ただし、シーズンオフで長期間、しまい込む時は、きちんと洗ったほうがいいと思います。

いずれにしても、「洗えば安心！」神話は捨ててください。石油系溶剤に入れることにも退色や型くずれのリスクはあります。

Q これまで、着物を自分でお手入れしたことがありません。手はじめに、何からやってみるとよいですか？

A **オススメは綿や麻の浴衣です。**

なぜなら、正絹に比べて木綿や麻なら、比較的、苦手意識が薄いですから、挑戦しやすいのではないでしょうか。

そのほか、絹なら半衿や帯揚げ、替え袖など、小物からお手入れしてみてもいいかもしれません。

Q

着物を着て居酒屋に行きました。幸い、汚すことはなかったのですが、煙草や食事のにおいがついてしまって、気になります。どうすればよいでしょうか？

A

とにかく風を通すことです。

着物ハンガーにかけて、風通しのいいところに吊るし、においを飛ばします。研究データをとったわけではないのですが、私の個人的な経験値として、とくに正絹はにおいがつきにくいように感じています。

Q

夏のお出かけに大人の女性らしく着物を着てみたい、と憧れています。でも、暑そうだし、汗をすごくかくので、お手入れが大変そうで、なかなか夏着物を着る勇気がありません。

A

それなら、絶対に〝麻〟の着物がオススメです。

お手入れが一番楽なのも麻。そして、着ていて一番、涼しいのも麻です。

着物まわりの約束事はありますが、最近の気温の高さは東北に住む私でも暑さに参ってしまうほど。

最近では日常着物については、着物の決まり事にしばられず5月くらいから着ている人も、よく見かけます。

Q

ずっと箪笥にしまいっぱなしにしていた着物を久しぶりに出したら、白っぽいものがポツポツとついていました。これは、何の汚れでしょうか？

A

それは、カビですね。

熱々に絞ったタオルで、表面のカビを払い落とすようなイメージでササッと払って、白いポツポツが見えなくなれば、一応OK。

とはいえ、カビ菌は残っています。除湿剤、防カビ剤を入れるなど、それ以上カビないように注意しましょう。

茶っぽいポツポツの場合は、カビがすでに変色しています。これはプロに任せるしかありません。直る場合もありますが、重症かもしれません。また、胴裏に茶っぽいポツポツが出ているものもよく見かけます。それもカビの一種ですから、表生地にカビがうつらないように専門店で表や八掛《はっかけ》は洗い張り、胴裏は漂白してください。

Q

帯は洗わなくていいのでしょうか？

A

丸洗いも洗い張りもできますが、基本的に「洗わないもの」と思ったほうがいいでしょう。

ものによっては丸洗いでもハリやコシが抜けていくものもありますし、洗い張りなどでも同様です。帯に求めるテイストは人それぞれですが、洗うことにより風合いが変わる場合があることを認識しておきましょう。

帯は基本、プロにご相談ください。

自分でお手入れ、もしもうまくいかなかったら

**思いきって自分で着物のお手入れをしたけれど、
揮発剤が輪ジミになったり洗って縮んでしまったり。
うまくいかなかった時は、どうしたらよいでしょうか？**

大丈夫。
状況をしっかり
伝えてね。

失敗しても諦めずに、お店で聞いてみて。

まずはプロに相談

着物をもっと身近に楽しむためにも、自分でお手入れできたら、素敵です。とはいえ、時には失敗もつきもの。うまくいかなかった、失敗しちゃった、と思ったら、迷わずプロに相談しましょう。

プロというのは、洋服のクリーニング屋さんではなく、着物のことを相談できるお店のこと。染色補正士さんやメンテナンスの見立てのプロである悉皆屋さん、もしくはお手入れを受け付けてくれる呉服屋さんが理想です。何をどうしてどうなったか、と状況を詳しく伝えれば、あとはプロが判断してくれます。

失敗を自分なりに無理にリカバーしようとせず、必要な場合はプロの力に頼り、自分の経験値を増やせばよいのです。

失敗例

揮発剤を使ったら輪ジミになってしまった！

⇐ **大丈夫。プロに任せて。丸洗いでカンタンに直ります。**

アイロンをかけたら、テリが出てしまった！

⇐ **残念。繊維のダメージなので元通りにはなりません。**

正絹を洗ったらシワになってしまった。

⇐ **脱水後、すぐにアイロンをかければシワはとれますが、一度、乾いてしまった強いシワは元に戻らないこともあります。**

水で拭いたら白くなった!?

⇐ **即、プロにお任せを。**

水分を含んだ状態の絹は、こすることで生地が傷みます。「白く色が抜けてしまった」という相談をよく受けますが、これは擦れたせいで、色が抜けたわけではありません。薬剤で目立ちにくくすることは可能ですが、残念ながら元通りにはなりません。

困った時、気軽に相談できる窓口が必要です。
相談できるお店の見つけ方

着物を長く楽しみたい、継続して着続けたい時、かかりつけのお医者さんのように気軽になんでも相談できるお店を見つけたいですよね。

どんなお店が信頼できるのか、見極めるのはなかなか難しいところです。お店との相性もありますし、人それぞれ気に入るポイントは違いますが、大まかな目安をご紹介します。

❶ 2つ以上の提案をしてくれる。

これでなければダメ、といった限定的な物言いしかできないところよりも、いくつかの選択肢を提案した上で、時間がかかっても安いほうがいい等、お客様の希望に耳を傾けてくれるお店は信用できます。

いろいろな選択肢を提案してくれた上で、それぞれを選択した場合の良い点ばかりでなく、注意すべき点

❷ メリットとデメリットをはっきり提示してくれる。

着物のプロでも、膨大な染料、生地の組み合わせがある着物のトラブルに関して、すぐに判断がつかない場合があります。わからないからとう腹のくくり方が本当に信頼できる突き返されたり、とにかくやってみるお店

❸ 値段をはっきり言う。

お手入れを頼んだ場合、どれくらいの値段になるのか、だいたいの見積もりだけでも、明確に言ってくれるかどうかも大切です。最終的に見積もりの値段と前後したとしても、お客様にとっては心積もりもありますし、納得のいく"落としどころ"が肝心ですから、予想もしていない金額では、もう二度と着物のお手入れを出そうとは思いませんよね。

❹ お店で判断できない場合でも、事前に見積もりをとってくれる。

真摯に対応してくれる、と感じるお店なら大丈夫。ある程度の授業料は必要かもしれませんが、単に対価だけでなく、お店との良好な関係性を築いてください。

すべては人と人との関わりです。そして何事も"自分次第"です。自分がしっかり納得、満足するために、自分で選ぶことを心がけましょう。自分が信頼して頼んだのだ、という腹のくくり方が本当に信頼できる人やお店との出会いを生むのです。

は敬遠したほうがよさそうです。見積もりをとって、双方納得して物事を進められるお店は信頼できます。

いずれにしても、お客様とお店側のコミュニケーションが一番大切です。こんなことを聞いては恥ずかしい、言いにくいと臆することなく、ささいなことでもお店に伝えてください。プロは、その言葉からいろいろなヒントを導き出し、最良の答えを出してくれるはずです。

もきちんと伝えてくれるお店は信頼できます。

アイロン、基本のかけ方
～正絹長襦袢編～

脱水後は、「すぐにアイロン」。これは、鉄則です。乾いてしまうとシワはとれません。
干してから半乾きのタイミングを気にせずに済むように、
アイロンをかけてから干すとカンタンにシワもきれいにとれます。
私は脱水後すぐの濡れている状態で、高温のアイロンをかけます。
高温だとシワはすぐにとれます。でも、ちょっと上級者のやり方かもしれませんので、
加減がわからないうちは低温からはじめてみてください。

この方法を知ったら、アイロンがけが好きになります。

アイロン台は平台がオススメ

アイロン台は脚のついていない平置きのものがオススメです。テーブルなど、高さのあるところにアイロン台を置いてかけると、長さのあるものでもアイロンを効率的にかけられます。アイロン台の縁と襦袢の端を平行にすれば、ゆがまずにかけられます。

洗いあがったら、すぐアイロン！

長襦袢が洗いあがり、脱水が終わったら、すぐにアイロンをかけます。生地が濡れた状態なら、直接、アイロンをかけてもテカりにくいので、洗濯が終わったら、すぐにアイロン！を心がけましょう。半乾きになってから干します。

温度は高温

生地が濡れた状態ならば、アイロンの温度は高温でも大丈夫。高温だとシワはカンタンにとれますので、手早く作業できます。慣れないうちは、低温からはじめましょう。

アイロンは半乾きの状態まで

濡れた状態でかけはじめたアイロンは、半乾きの状態までで終えます。乾いた状態のところまでアイロンをかけてしまうとテカる原因になりますので、注意しましょう。半乾きまでアイロンをかけた後は、着物ハンガーにかけて干します。

水通ししてからお仕立てを

正絹の長襦袢も自分でお手入れしたいなら、水通ししてから仕立てることをオススメします。あらかじめ水通し（56ページ）をして縮めておけば、洗っても寸法が変わらないので、お手入れしやすいです。

脱水後、引っ張って伸ばすことを忘れずに！

水通しをしていない長襦袢または生地にシボのある長襦袢は、かならず縮みます。脱水後、引っ張って伸ばすことを忘れないでください。とにかくはじめは、万が一失敗しても惜しくない品物から試してみましょう。

1

まずは引っ張ってサイズを戻す。

洗って縮んだところを引っ張って伸ばします。正絹は濡れている時なら、ある程度、伸びます。メジャーや物差しなどで測りながら、洗う前のサイズに戻すようにすると、わかりやすいです。

2

つま先から順ぐりにアイロン。

つま先からアイロンをかけはじめ、順ぐりに送っていけば、シワになりにくいです。

3

アイロンの先端を浮かせ気味に。

アイロンのお尻に重心を置き、アイロンの先端を心持ち浮かせ気味にするイメージで生地を引っ張りながらアイロンをかけます。

4

袖のアイロンは裏、表かける。

アイロンで生地を押さえ、反対側の手で引っ張るようにして生地を持った方向へ向かってアイロンをかけます。袖のアイロンは裏表、両方かけます。

5

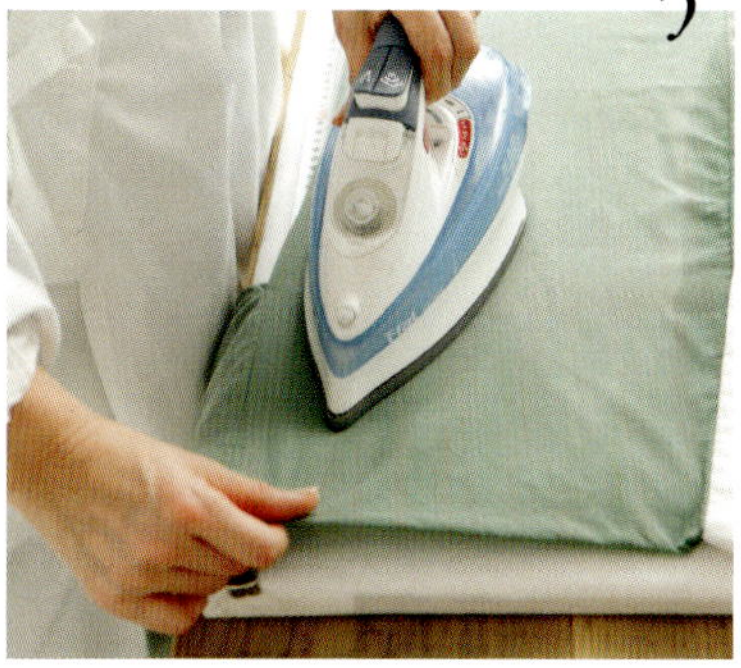

肩まわりは裏表、一緒に。

肩の部分は、裏にシワがきていないか確かめて、表裏一緒にアイロンをかけます。

乾くと少し縮むので注意

洗いあがり直後は48cmまで縮んでいた袖丈を、アイロンで50cmまで戻しました。半乾きで干しますから、乾ききるまでに49cmまで縮みます。

ウールや麻の長襦袢の場合

ウールや麻も基本的に扱い方は同様ですが、正絹のように生地が伸びることがありません。自分でお手入れしたいなら、仕立てる前に水通しをしましょう。浴衣も同様です。

＼ものぐさ女将が伝授！／

シワとりアイロン術

箪笥にしまっておいたら、変なところにシワが……。
正座したので、クッキリと座りジワがついてしまった……。
などなど、着物についてしまったシワを、
なんとか目立たなくするアイロン術を、
ものぐさ女将があみ出しました！

用意するもの

- アイロン
- アイロン台（脚のない、平台のもの）
- タオル（あて布用）大・小…各１枚

ポイントは温度！

低温のアイロンでは、シワはとれません！

あて布はタオルで水分を均一に広げること！

パイル地のタオルをあて布にすると、蒸気が平均して拡散します。熱いスチームで糸を膨らませるイメージです。タオルは３重構造になっているので水分がうまい具合に均一に広がるため、水ジミになりにくいのです。

アイロンのスチーム機能や霧吹きは注意！

アイロンのスチームを使おうとして、水がポタリと垂れた経験ありませんか？　その水が着物の上に落ちたら、即！シミです。ごく一般的な霧吹きは水の粒が大きくて、これもシミになりやすいのです。水分の粒子が細かいほど、シミになりにくいです。

正絹は縫い目をつぶさない！

正絹にアイロンをかける場合は、縫い目をアイロンでつぶさないように。ペランとした仕上がりになって、元に戻らなくなってしまいます。

シワを伸ばすとは？

〝シワ〞は、糸の折れだとイメージしてください。つまり、糸がつぶれているのです。ストローを折るとＶの字になりますよね。あんな感じです。〝シワを伸ばす〞とは、そのつぶれたところに蒸気を当ててぷっと膨らませること、と私は考えています。

アイロンをかけるのは濡れている間だけ

濡れている状態では直接アイロンをかけてもテリは出ません。乾いている状態で直接アイロンをかけてしまうと、テリが出てしまうので注意を。

イラスト／ヤマグチカヨ

アイロンでシワをとろう！

1

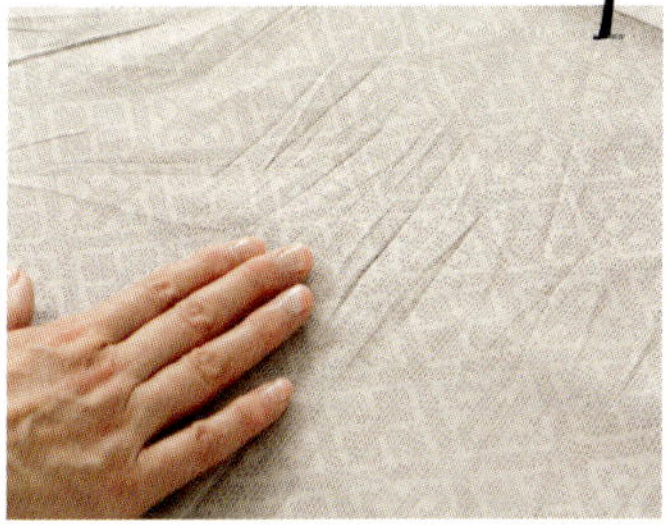

長時間、座った時などにできる座りジワの典型です。かなり目立つシワですが……。

2

シワの上に乾いたタオルを2枚重ねになるように置きます。

3

そのタオルの上に、水に濡らして絞った小さめのタオルを乗せます。

4

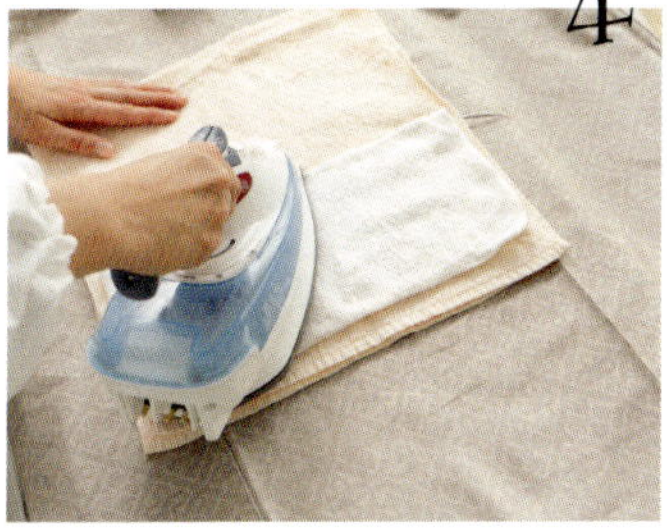

濡らしたタオルの上に、高温のアイロンをジュッ！と丸く円を描くように浮かせ気味にかけ、蒸気を散らします。

5

アイロンは、あくまでも濡らしたタオルの表面をすべらせるように、少し浮かせて。アイロンをかける時、重さや力をかけてしまうと濡れタオルの水分が一気に着物に移行するので、シミの原因に！

6

乾いたタオルの下に手を入れて、熱い湿気を感じるようなら、蒸気が届いている証拠。この時、スチームにより折れつぶれた糸がぷっ、ぷっ、と膨らんでいるのです（ここで一旦、ひと呼吸おきます）。

7

濡らしたタオルをはずします。今度はアイロンの重さをかけながら、2枚重ねした乾いたタオルの上に、蒸気を広げるイメージでアイロンをあてながらかけます。

8

上のタオル1枚が乾いたら外して、残った1枚のタオルの上に同じようにアイロンをかけます。あくまでも力は入れず、アイロンをすべらせるように。乾かす目的で。

9

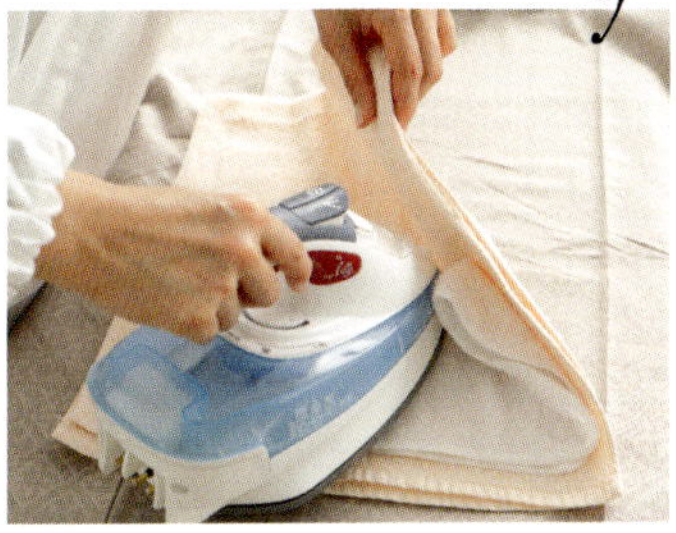

アイロンによって変なシワになっていないか、タオルをめくって確認しながら、とりたいシワが目立たなくなるまで、一連の流れを繰り返します。

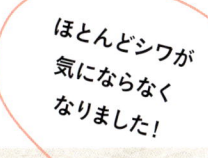

ほとんどシワが気にならなくなりました！

※パイル地のタオルが蒸気をまんべんなく拡散して、ほどよい湿気をあたえてくれる優れワザです。使用するタオルは新品だと糊がついているのでオススメしません。下に敷くタオルは厚さのあるもの、上の濡れタオルは薄めのものをオススメします。
※乾いた状態で高温のアイロンを直接かけてしまうとテリの原因になるので注意しましょう。
※アイロンやアイロン台についた汚れやシミは、アイロンをかける時に、着物にうつる場合があるので、つねに清潔を心がけましょう。

女将のかわら版

2

かかりつけの着物屋さんを見つける

着物を楽しむためには、頼りになる着物屋さんが必要ですよね。遠くの親戚より近くの他人ではありませんが、身近に信頼できるお店があったら、着物ライフはもっとエンジョイできそうです。

「着物屋さんが怖い」とよく聞きます。「怖い」に語弊があるなら「敷居が高い」、でしょうか。着物屋はある意味、特別なものであってほしい、とも思っていますが、お客様の足が向かないようでは困ります。

とにかく買わせることしか考えていないところに、着物を愛するお客様は少しずつ近寄らなくなりました。お付き合いで買うお客様さえもいなくなってしまいました。でも、それでいいのだと思います。

着物業界苦難の時代だからこそ、一生懸命お客様のことを考えているお店が、どんどん増えています。手前味噌ですが、ウチの商品（満点スリップ）など単価の低い肌着を扱おうと言っていただけるお店は、着物を売ることよりもまず、「いかに皆さんに着物を楽しんでいただくか」を考えているお店ばかりです。

なぜなら、着物屋の中で肌着は儲からない面倒な商材。数千円の品物をチマチマ売るより、何十万円もする帯や着物を売ったほうが利益がいいのは、当然といえば当然です。それでも、あえてウチの商品を扱おうと努力しているお店なのですから。

全国あちらこちらに伺わせていただいて思うのは、お店側も涙ぐましいばかりの努力をしていることです。

ですから、どうか皆さんもただ怖がらず、ぜひ、着物屋を判断するクールな目を持ってください。

信頼できるお店かどうか判断する基準について、私なりに感じたことを43ページにも少し書きました。ここで、さらにひとつだけお教えしますね。

それは、「わからないことを聞けるお店かどうか」です。聞きやすいムードがあるお店とそうでないお店は比較的わかりやすいと思います。また、わからないことを、わからないと素直に言ってくれるお店は安心です。さらには、わからないことを調べだして教えてくれるお店は本当に素晴らしいと思います。

ちょっとでもお客様を見下げるようなお店には二度と行かなければいいわけで、ある意味、かかりつけのお医者様を探すようなイメージで門をたたいてみてください。感謝と感謝でつながるような素晴らしいお店が、着物業界が苦境に立つ今の時代だからこそ生き残っていけるのです。

Chapter 3

着物なでしこ虎の巻

着物、自分サイズを把握しましょう

着物を楽に美しく着るには、自分のサイズに合っているかどうかは、とても大切です。
きちんと着物屋さんで仕立てても、
お店によって採寸したサイズが違うことがあります。
プロに全部お任せ、ではなく、自分好みの寸法を把握して、もっと素敵な着物生活を楽しみましょう。

④ 裄（ゆき）

⑦ 肩幅（かたはば）　　⑤ 袖幅（そではば）

※裄／礼装は手首の関節が隠れる長さ。普段着や浴衣は、手首の関節が出るくらいが活動的で望ましいです。

⑥ 袖丈（そでたけ）
袖の縦の長さ。1尺3寸が標準。

① 身丈（みたけ）
（女性の場合、おはしょりがあるので、身長分。男性は身長マイナス26〜30cm。これは女性の襦袢丈です）

前幅（まえはば）　衽（おくみ）
衽　前幅
後幅（うしろはば）　後幅

イラスト／ヤマグチカヨ

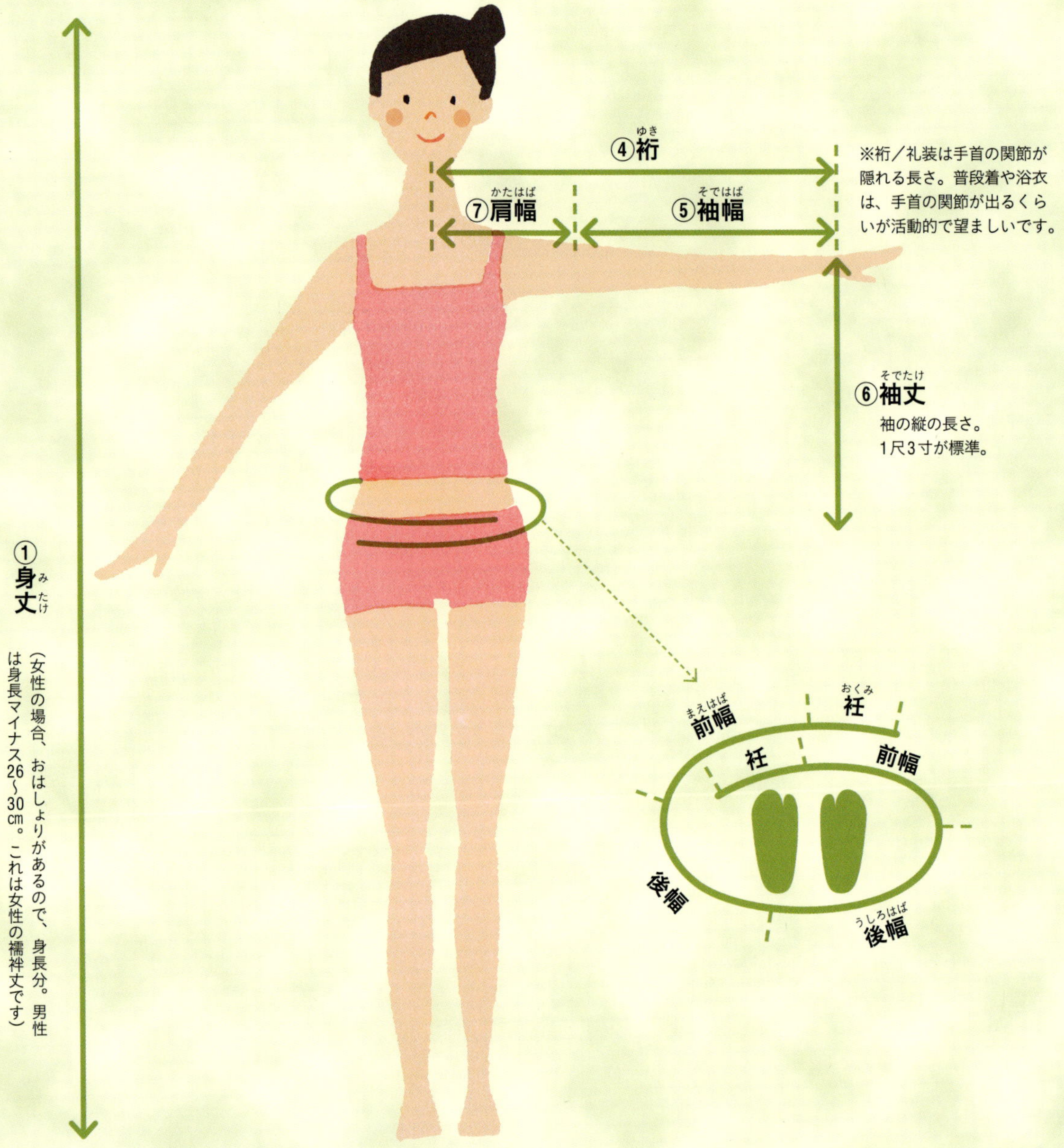

わたし着物カルテ

①身《み》丈《たけ》	⑧衿《えり》下《した》
②前《まえ》幅《はば》	⑨袖《そで》口《ぐち》
③後《うしろ》幅《はば》	⑩袖《そで》付《つけ》
④裄《ゆき》	⑪袖《そで》丸《まる》み
⑤袖《そで》幅《はば》	⑫抱《だき》幅《はば》
⑥袖《そで》丈《たけ》	⑬襦《じゅ》袢《ばん》丈《たけ》
⑦肩《かた》幅《はば》	⑭羽《は》織《おり》丈《たけ》 (コート丈)

着物寸法の表し方／一般的には鯨尺(くじらじゃく)。一寸＝約3.78cm。一部エリアでは曲尺(かねじゃく)一寸＝3.33cm。尺貫法ではなく、「cm」でのサイズ表記も増えています。一寸の10倍が一尺、10分の1が一分。

自分好みのポイント

●

●

●

着物 各部の名称

**着物の各部分の名前。これらを覚えておくと、
メンテナンスの相談に行く時にもお店に伝えやすいですし、
着付けを習う時などでも、よく出てきますので、少しずつ頭にいれておきましょう。**

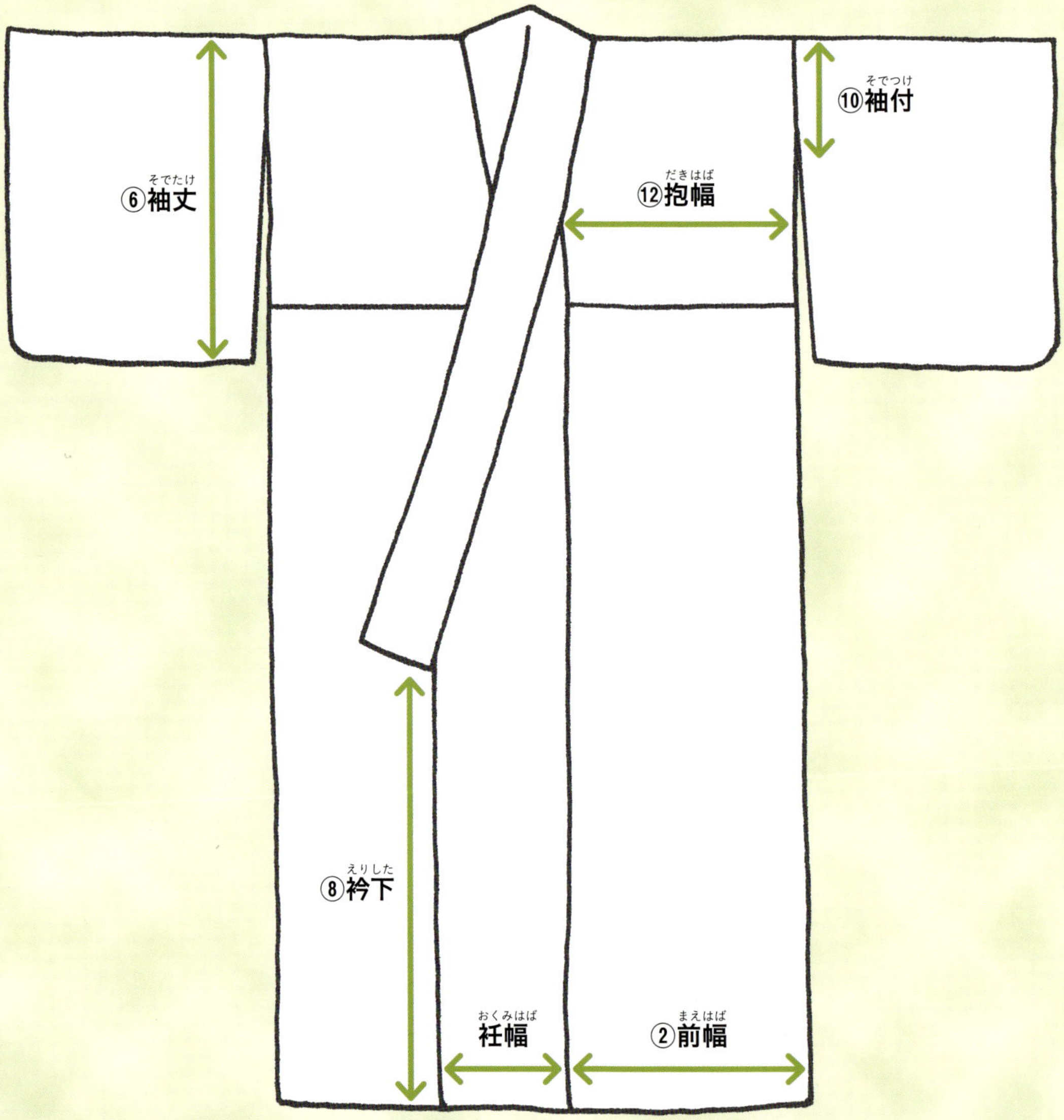

出典／仕立て屋【*ツキヒコ*】

- ①身丈《みたけ》　肩から裾までを測った長さ。
- ②前幅《まえはば》　前身頃《まえみごろ》の裾の幅。一般的な前幅は、すべて裾の幅のこと。
- ③後幅《うしろはば》　後身頃《うしろみごろ》の裾の幅。一般的な後幅は、すべて裾の幅のこと。
- ④裄《ゆき》　肩幅＋袖幅。
- ⑤袖幅《そではば》　袖の横幅。
- ⑥袖丈《そでたけ》　袖の縦の長さ。
- ⑦肩幅《かたはば》　肩から背中心の延長したところまでの幅。
- ⑧衿下《えりした》　衽の衿先から裾までの長さ。
- ⑨袖口《そでぐち》　袖山から開いている部分の長さ。
- ⑩袖付《そでつけ》　袖と身頃が縫いつながっている肩山からの長さ。
- ⑪袖丸み《そでまる》　浴衣や振り袖などは大きくするとかわいい。
- ⑫抱幅《だきはば》　剣先から身八ツ口下または内揚げの高さの前身頃の幅。
- ⑬襦袢丈《じゅばんだけ》　肩山から足くるぶしまでの長さ。
- ⑭羽織丈《はおりたけ》、コート丈《たけ》　肩山から、好みの長さ。

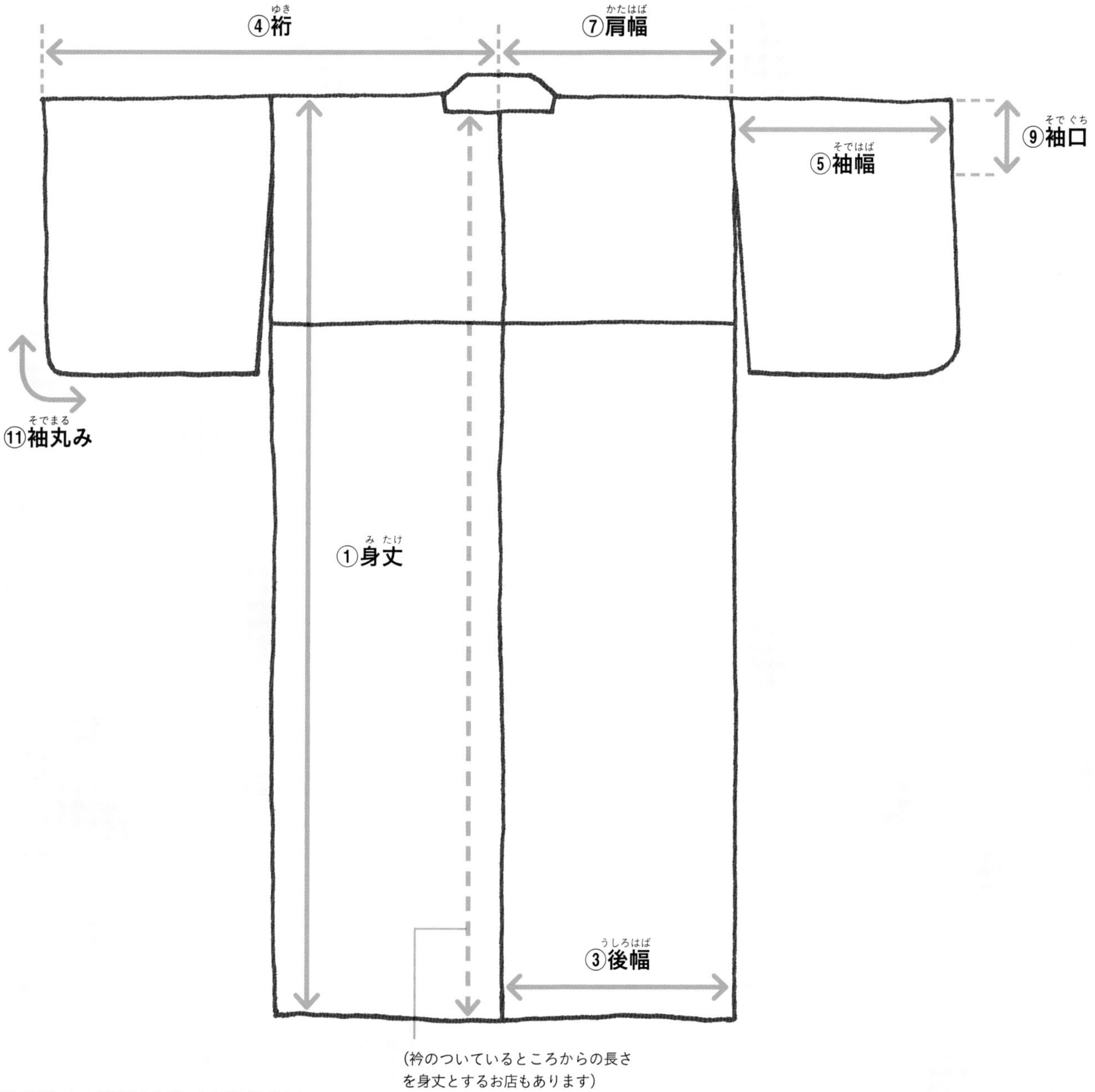

④裄《ゆき》
⑦肩幅《かたはば》
⑨袖口《そでぐち》
⑤袖幅《そではば》
⑪袖丸み《そでまる》
①身丈《みたけ》
③後幅《うしろはば》
(衿のついているところからの長さ
を身丈とするお店もあります)

※流派や地域によって測り方や言い方の差があります。

満点！
お仕立て成功のコツ

着付けは、サイズやお仕立て具合によって、劇的に変わります。
自分に合った寸法、自分サイズの見つけ方、お仕立てのポイントをまとめました。
着物屋さんで測ってもらったからといって、どのお店で採寸しても同じとは限りませんよ。
美しく、楽に着物を着るために、自分サイズを知っておきましょう！

自分サイズを把握しましょう。

着物を仕立てる前に、まず「自分の寸法」を決めましょう。

寸法はすべてお店にお任せだから知らないという人、多いですよね。プロだから任せておけば大丈夫！ と思っていませんか？ それは間違いです。

身体の寸法に合うことはもちろん、腰ひもを締める位置、帯の高さ、裄や身幅はどれくらいが好みなのかなど、あなたの着方の好みや着付けのクセなども含めた寸法を出さないと、本当にジャストサイズの着物は仕立てられません。

何か不具合があっても直せるように最近の傾向として少し大きめに仕立てることが多いようです。着物は大きいのを詰める分には縫い跡や筋が出ないので簡単ですからね。

あなたにピッタリのマイサイズを把握しましょう。これさえわかっていれば、どこでお仕立てしても、着やすい着物になるように縫ってもらえますよ。

自分の着姿をイメージしてみる。

では、どうやってマイサイズを決めたらいいのでしょうか。

持っている着物の中で、なんとなく着やすいとか、きれいに着られるという着物はありませんか？　それがあれば、少なくとも、それと同じ寸法にしてもらえばいいのです。

　できればその着物をお店に持ち込んで、その場で羽織ってみて、お店の人に細かいアドバイスをもらうと、いいですね。一度そういう経験をしただけでも、寸法に対する意識がグンとつきますよ。

　どれが着やすいかわからないなら、まわりにいる着物の先輩などを大いに頼ってください。短めの裄のほうが動きやすいよとか、袖付はもっとこうしたらいいんじゃないなど、きっと参考になるアドバイスをしてくれます。できれば一人だけでなく、何人かに聞いてみるといいですね。

　自分サイズは最終的に自分で決めるのです。ちょっと大変かもしれませんが、気持ちよく着物を楽しむためには必要なことですし、主体性が生まれたほうが着物はもっと楽しめます。

　自分にピッタリの自分サイズがわかったら、手帳にメモしておけば、いつでもどこでも、自分サイズの着物を手に入れることができますね。

※このページでは普段着の場合を想定してまとめています。

お仕立て各部のポイント❶ 身丈

身丈がちょうどいいとは、おはしょりがちょうどいいということです。

　早く簡単にきれいに着るためには、おはしょりが腰ひも1本で決まることが大切です。胸ひもを入れた後で伊達締めで直す必要がない丈です。

　襦袢やコートの丈も、どのくらいが自分にとって美しく見える長さか、自分の好みの丈はどれくらいか、意識してみましょう。

お仕立て各部のポイント❷ 身幅

身幅には後幅、前幅、衽幅があり、それらが各2枚繋がった幅の布で体を包むことになります。

　かぶりすぎるのを〝身幅が深い〟、足りないのを〝浅い〟といいます。茶事に使う着物は身幅を広めにします。

お仕立て各部のポイント❸ 裄《ゆき》

背中心から袖口までを裄といいます。最近は長めに仕立てることが多いようです。裄が長めだと品良く見えて素敵ですが、活動的ではありませんし、夏には暑いです。短めの裄は、活動的で普段着に向いています。短い裄だと、腕が出る分だけ涼しいので、浴衣などは、少し短めがオススメです。

お仕立て各部のポイント❹ 袖幅、肩幅

裄が長くなっているためか、肩幅と袖幅を同寸にすることが増えています。袖幅が広いほうがきれいです。どのくらい広いほうがいいかはその方の体型と反物幅によって変わりますが、せめてこれくらいは把握していましょう。

　もう少し上級者になったら気にしたいのは繰越《くりこし》、抱幅、衿下。繰越は衿をどれくらい抜いて着るか、肩の厚みはどうか、などで変わります。抜いて着たい、肩が厚いという方は、多めにお願いするといいでしょう。

　抱幅は胸元のことですから、胸が大きいか小さいか、厚いか薄いかによります。ただし、前幅、肩幅との関連もあるので、ご注意を。

　衿がかぶってきて長襦袢の衿が出ないという方は、抱幅を控えてもらってみてください。逆に胸元が開いてくる場合は、広めにしてもらいましょう。

　衿下は裾から衿がついているところまでをいいます。おはしょりから少し見えるくらいがよいとされてきましたが、最近では出ていないほうが美しいともいわれます。お好みで判断してください。ただ、腰ひもに衿がかからないと着付けがうまくいきません。身長の半分はあったほうがいいとは思いますよ。

反物の水通しに挑戦！

木綿や麻の着物を洗うと、だいたい5％程度は縮みます。
縮みを防ぐには、まず反物を水通しして縮めてしまいましょう。
それから仕立ててください。
そうすれば「自分で洗濯機洗い」しても、
ほぼ寸法に変動はありません。
仕立てる際に水通しを別料金でお願いすることもできますが、
自分でもできますので挑戦してみましょう。

藍染めの反物は色落ちするので、
アイロンをかける際には、
アイロン台に手ぬぐいやタオルを
敷くなどしましょう。

楊柳《ようりゅう》地は、アイロン厳禁。
脱水後は手でパンパンとたたいて
生地を整えて干します。

生地を見て、
糸と糸が正十字に交差しているか、
ゆがんでいないか、見てみましょう。
ゆがんだまま乾かしてしまうと、
ゆがんだ生地になってしまい、
仕立て屋さんが苦労します。

正絹の襦袢地も同じように
水通しをして縮めてから仕立てると、
後で寸法が変わりません。

業者に水通しを依頼する場合、
せっかく縮めた生地を、
まれに機械で巻き取る時に再度、
伸ばしてしまう場合があります。
縮めたままで伸ばさないように
巻き取るよう伝えましょう。

反物の水通しは、
自分でカンタンにできます。
水通しをしてから
仕立てに出すと、
その後のお手入れで
縮みが少なくて済みますよ！

1

反物からラベルや文庫を外し、芯棒を抜きます。

2

そのまま洗濯機に入れ、注水します。洗面所やタライなどを利用してもOKです。反物が完全に浸かるくらいまで水を張ったら、できればそのまま一晩置きます。生地表面の糊が溶けて水が白濁することもありますが、大丈夫。そのまま脱水します。

3

脱水したら、シワのあるところだけ高温のアイロンをかけます(平織の場合)。アイロン台の縁と反物のミミを平行に置いてアイロンをかけると、生地目が整います。順ぐりに生地を送って、最後までアイロンをかけます。

4

シワがとれたらそのまま、なるべく長い状態で干します。

5

乾いたら、元の通りに芯棒にくるくると巻いて完成。この状態で仕立てに出します。

あらかじめ十分に縮めているので、水通しの必要がないという記載のある反物もあります。その場合は、そのまま仕立てて大丈夫です。

知っているようで知らない

着物の加工って、何ですか？

～加工内容を知って、必要かどうか自分で判断！～

昔では考えられないほど便利なものが今はたくさんあります。
でも、何にでもメリットとデメリットがあるもの。
まずは、その両方を認識し自分はどうしたいのかをよく考えてください。
そして自分でどうするかの選択をすることが大切です。

撥《はっ》水《すい》、撥《はつ》油《ゆ》加《か》工《こう》

- **茶事の着物**
- **雨ゴート**

内容

いろいろな呼び名がありますが、ほとんどがフッ素系樹脂加工になります。表面張力を利用して水分油分を弾くのです。

ですからある程度、粒の大きさがある水分にはバツグンの効力を発揮しますが、蒸気やジワジワ染み入る汗などにはあまり効果はないと思います。

ちなみに私は、大事に着たい、もしくは娘や孫に譲りたい紬《つむぎ》や訪問着には加工しません。紬類はある程度の着用で洗い張りしますし、たまにしか着ない訪問着などは、その時々でお手入れすればいいのですから。

いつも水ジミの恐れがあるコートや羽織、お茶で着る無地の着物には加工します。

相場　4,000円～

静《せい》電《でん》気《き》防《ぼう》止《し》加《か》工《こう》

- **帯電しやすい着物**
- **真綿の紬**

内容

帯電を軽減する加工です。

静電気は湿度が少ない時（乾燥状態）、または摩擦力が強い時に発生しやすいのはご存じのことと思いますが、つまりは生地に吸湿性を持たせる加工です。

相場　5,000円～

柔《じゅう》軟《なん》加《か》工《こう》

・かたい紬、
紗、上布
など

内容

柔軟剤を使う場合と、ローラーなどで圧力をかけて繊維のコシを柔らかくする場合があります。液剤を使った柔軟加工をしても、圧力をさらにかけて柔らかくすることも。

柔軟加工でシワがつきにくくなるわけではありませんが、体なじみはよくなります。

反物の状態で施すのが一般的です。

着物の状態になってからの柔軟加工もできないことはないのですが、反物の時に施すような効果は期待できません。

相場 5,000円～

晒《さら》し加《か》工《こう》（漂白）

・黄ばんだもの
・白襦袢、胴裏

内容

黄ばんだ絹の生地を真っ白に仕上げてくれる加工です。いわゆる漂白をするわけですが、絹の漂白には劇薬を使用するのでプロに任せてください。黄ばんだ胴裏や白い襦袢に有効です。

ただし、強い薬品を使うので弱い生地だと裂けることもありますし、若干薄くなることもあるので注意が必要です。

加工場にもよると思いますが、仕立て上がったものを丸ごと晒してくれることもあります。少し縮みますが、本当にきれいになります。

相場 4,000円～

**これらの加工を
複数盛り込んだ加工も多いです。
必要かどうか自分で判断！
よく考えましょう。**

リサイクル着物
買い！のポイント5ケ条

**リサイクル着物を上手に利用するのも、着物の楽しみ方のひとつ。
かなりリーズナブルな値段がついていることもあるし、
最近の品物にはないセンスのものもあって、見ているだけでも楽しいですね。
私なりに考えるリサイクル着物を選ぶポイントをまとめました。**

1 普段では手の届かないものをリーズナブルに入手する。

高価な織や染め、絞り、高名な作家ものなど、新品で誂《あつら》えたら、とても手が出ない品物でもリサイクル着物屋さんの店頭で、こなれた価格で出会えることもあります。これこそ一期一会。掘り出し物を見つけるのはリサイクル着物屋さんならではの醍醐味ですね。

**今では
もう手に入らない
織のものなんかも
見つかるかも！**

2 色あせ、日焼けなどをチェックする。

窓辺に長期間、ディスプレイされていたり、経年劣化による色あせや、日焼けはプロでなければお手入れできません。

古い着物ほど色あせや日焼けは懸念されますが、店内の照明などで、ちょっとわかりにくい場合があります。そんな時は、縫い目を左右に引っ張ってみて、縫い目の内側の生地と見比べてみれば一目瞭然です。縫い目を広げるのがはばかられるようなら、肩線を見てみましょう。肩線にヤケが見られる場合もあります。

色あせ、日焼け以外にも、シミや汚れなどがないか、全体を広げて、きちんと確かめましょう。

3 自分の箪笥の中を思い出してみる。

一目、見ただけでときめいてしまった！　着物は出会い、とはよく言われる言葉ですから、こんな素敵な瞬間、皆さんも一度ならず経験されたことはあると思います。リサイクル着物屋さんの店頭でも、素敵な着物に一目惚れ！なんていうことになったら、まずは箪笥の中のお手持ちの着物や帯を思い返して、頭の中で組み合わせてみましょう。

その品物だけを見て、どんなに素敵だったとしても、コーディネイトできなければ、せっかく手に入れても、箪笥の肥やしになるばかりです。

また昔の帯は、帯幅や長さもチェックしてください。現代の標準的な長さは380cmくらい。小柄な方で名古屋帯の場合、最低でも360cmはほしいところです。

帯の幅は普通体型で31cmが目安。昔の帯では28〜30cmというものもありますので、要チェック。

4 寸法、縫込みをチェック！

自分の寸法と商品のサイズを見比べた時に、身丈、裄、身幅、なにもかもピッタリ一緒なら問題ありませんが、なかなかそうはいかないもの。ですが、ある程度の許容範囲内であれば、工夫次第で着られないことはありませんよ。プラスマイナスどのくらいまでならOKか、自分なりの許容範囲を、自分サイズとともに大まかに把握しておくのも、判断基準になります。

また、商品が自分のサイズより小さいという時、袖などの縫込みを指先で触ってみてください。ボコッと布地が触るような感触があるなら、縫込みがあるということ。寸法を調整することが可能です。念のために、お店に寸法調整できるものかどうか聞いてみてください。

5 洗い張り、仕立て直しでもっと楽しむ。

リサイクル着物ですから、気に入った品物でも自分のサイズピッタリでない場合が多いです。また、経年のくすみや汚れ等も見逃せないポイント。

とくに紬などは洗い張り、仕立て直しに出すことでコシが柔らかくなり、体に添うように、しなやかになりますのでオススメです。

また自分サイズになることで、着やすさは倍増。本当の意味で自分のものになります。

単純に値段の高い安いに左右されるのではなく、仕立て直し代をかけても手に入れたい品物を、探してみてはいかがでしょう。

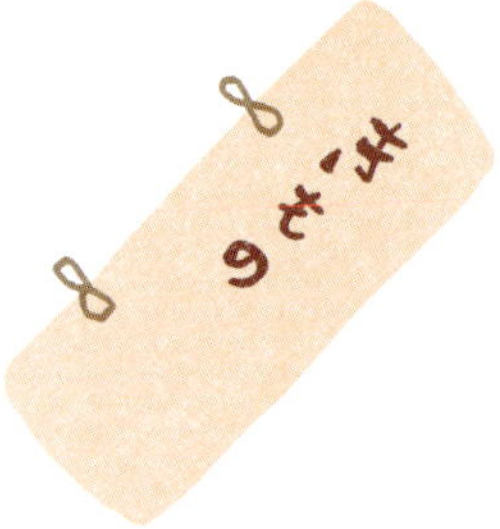

着物を長持ちさせる保管&収納のコツ

着物には、人の思いが宿ります。
着物そのものの価値だけでないプラスαの価値を大切に守るためにも、
保管や収納に気くばりしましょう。

その1

防虫剤より乾燥剤

とにかく防虫剤を入れておけば安心と思われる方が多いですが、正絹に虫はきません。虫より怖いのが湿気です。防虫剤より、まず乾燥剤や除湿剤を入れましょう（水をためるタイプの除湿剤はNG）。ウールは虫の大好物なので防虫する必要があります。

その2

簞笥を置く場所を再検証

きちんと簞笥にしまっておいたのにカビてしまった、という場合。簞笥はどこに置いていますか？　実は居住空間（寝室、リビング）の湿気は意外と高いので、カビる原因になるのです。なるべく別の場所に置くのが理想ですが、簞笥の下にすのこを置く、湿気ないように引き出しをこまめに開けて風を通すなど、湿気対策を意識しましょう。

その3

正絹には呼吸させる

絹糸は生き物です。大切な着物だからといって簞笥にしまいっぱなしでは、絹が窒息してしまいます。湿気の少ない季節のよく晴れた日に、簞笥の中のものを干して風通しすることで絹糸は呼吸して新鮮な空気を吸い込み、生命力を保つのです。一度に全部の着物を干せなくても、何回かに分けて干したり、それも難しければ、簞笥の引き出しを開けて風を通すだけでも違います。

着物を保管する入れ物

桐の簞笥

調湿性が高いといわれる桐の簞笥。とはいえ、置かれる場所や環境によっては万能ではありません。基本的なケアは忘れずに。

合板の簞笥

桐簞笥に比べると調湿性の高くない材料と接着剤のせいで調湿しにくく、湿度は高くなりがちです。こまめに除湿剤や乾燥剤を入れ替える、和装専用の敷き紙を敷くなど、意識しましょう。

プラスチックの衣裳ケース

手に入りやすいものですが、湿気が一切、放出されないプラスチックは、とくに念入りに除湿を心がけることが必須です。それさえ気をつければOK！

イラスト／ヤマグチカヨ

着物を長く、美しく保つために

畳《たとう》紙《し》

純正和紙の畳紙は、調湿作用が期待できるのでオススメです。ただし、一般的な畳紙に調湿効果は期待できません。きれいにしまうためのグッズと認識し、きちんと別に調湿しましょう。畳紙にカビが出たら、すぐに取りかえましょう。

●花和紙たとう文庫／有限会社ケイアイエスクラフト

きものキーパー

薬品を使用せず、三層構造の特殊なフィルムがカビの発生を防ぎます。防虫、防臭機能もある優れものです。

●きものキーパー／ジェイケミカル株式会社

虫干しは大切

湿気・カビ対策に、虫干しは必須です。しまいっぱなしの着物があるようなら、畳紙を広げて着物を触ってみてください。しっとりと湿度を感じると思います。とくに正絹は呼吸する糸ですから、1年に1度は風を通しましょう。湿気の少ない1～2月の乾燥した時期にするとよいでしょう（寒干し）。除湿機をかけて部屋干ししてもいいですし、箪笥の引き出しを開けるだけでも違います。

敷き紙

箪笥の引き出しの底に敷く、敷き紙。防カビや防虫効果を期待できる敷き紙など便利なものがあります。

（写真右）●漢方敷本ウコン和紙たんす敷／有限会社ケイアイエスクラフト
（写真左）●きものの友・和装防カビ乾燥剤／セイナン化成株式会社

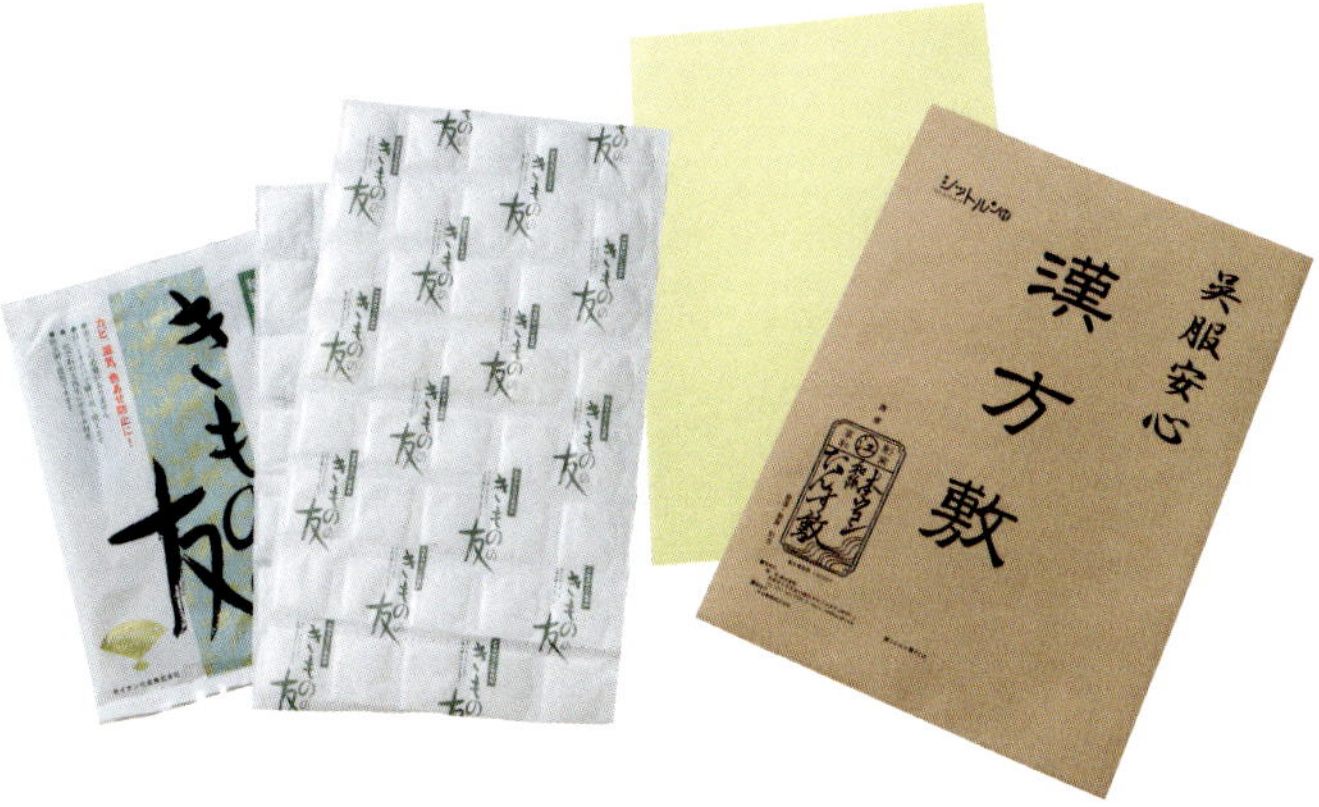

小物は始末よく

帯揚げ、帯締めなどの小物が引き出しの中で、あっちこっちでグチャグチャしている、なんていうことはありませんか？　とくに帯締めの房がボソボソだと、着姿も台無しです。メモ用紙などの紙で帯締めの房をきつめに巻いたり、専用グッズで止めましょう。次に使う時も美しく、引き出しの中でも始末よく納まります。

帯締めの房を美しく保管

両端の房を揃えて紙にきつめに巻きつける。

帯締めを引いて、房の先端を巻いた紙の中に、きっちり引き入れる。

着物美人は箪笥美人

せっかくの着物ですから、長く美しく保管できてこそ、本当の着物美人。
畳みジワもなく、シミ、カビにもならないように、
箪笥の中も美しくありたいものです。

着たものを一番下に
しまうようにすると、
上に重なった着物が
重しの代わりになります。

防虫香は天然素材のものを

糸を精練する時、織る時、染める時……。一枚の着物に仕上げるまでには、さまざまな化学薬品を使用します。その上、さらにさまざまな化学薬品を加えてしまっては、それぞれの薬品同士が思わぬ化学変化を引き起こすリスクが高まります。ですから、防虫香はなるべく天然素材のものがいいと私は思います。もし化学薬剤を使用されるなら、同じメーカー（ブランド）を使い続けることをオススメします。

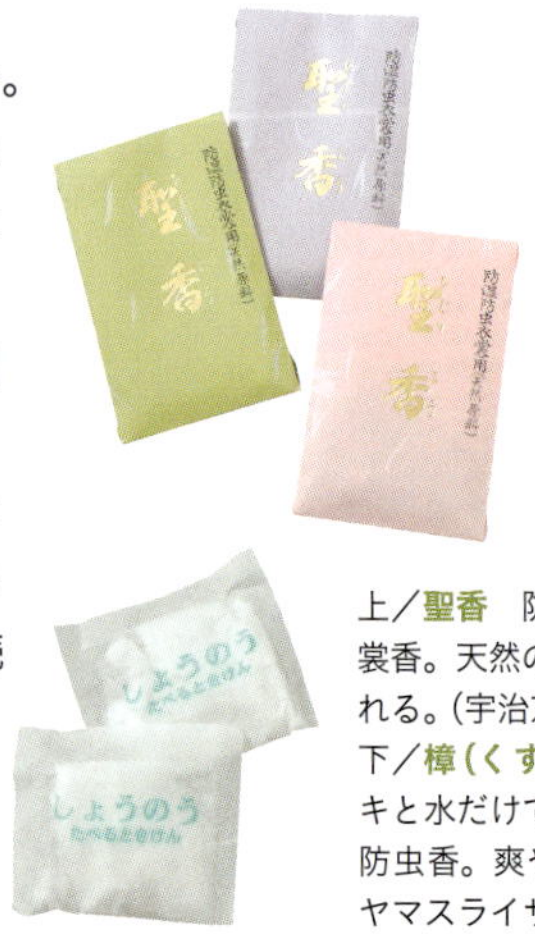

上／**聖香**　防湿、防虫効果のある衣裳香。天然の木香を主原料に精製される。（宇治京扇堂）
下／**樟（くす）しょうのう**　クスノキと水だけでつくられた天然原料の防虫香。爽やかな強い香り。（フジヤマスライサー）

素材別に収納しましょう

正絹は正絹、ウールはウールというように、なるべく素材別に収納するように心がけましょう。正絹には虫はつきませんが、ウールの着物や腰ひもは虫の大好物なので、一緒に収納していると、ほかの素材と一緒に正絹も食べられてしまうかもしれません。せめて正絹とそれ以外には分けて収納してください。

シワにならない畳み方

シワになりにくい畳み方のコツを抜粋してして紹介します。

1

下身頃を畳んだら、空気を抜くように両手でならします。

2

基本的な手順通りに畳みますが、もともとの線通りに、角と角をきちんと合わせます。

3

下半分を畳み終えたら、右からクルクルと丸めるようにしてまとめ、ゆっくりと右にスライドさせます。畳んだところが動かないようにするためと、省スペースで畳めるからです。

4

これから畳む上半分を、自分の正面へ、静かに引っ張り込みます。

5

袖は、ゆがみのないようにきちんと整え、右袖を後ろ側に折り込みます。

6

衿先を押さえて、衿の畳み線を整えます。

7

右手で衿先を押さえながら、衿の背中の三角(畳み線のこと)になるところをきれいに整えます。

8

左袖を畳んだら、着物の中にある空気を両手で抜くように、生地をならします。

9

クルクルとまとめた下半分を左手で持ち、衿先下あたりに添えた右手に重ねるようにしてふたつ折りにします。

10

ふたつ折りにした内側を引っ張り気味にします。

11

厚みのあるものを畳んでいるので、裾線はズレてきますが、大丈夫。それにより布だまりが軽減され、シワになりにくいのです。最後に、全体の空気を抜くように両手で押さえてから畳紙に包んでしまいましょう。

旅先でも
着物を楽しみましょ!

お出かけ先でも着物を楽しみたい!

着物の持ち運びのコツ

**着物を着ることが楽しくなると「京都で着物〜♪」
なんて夢が広がります。ぜひ、旅先にも着物で訪れてみませんか?**

コツは、とにかく空気を抜くように、ぴっちり畳むこと

着物、長襦袢、帯、下着類、小物と乗せていき、中心の高さを揃えます。少しでもコンパクトになるように意識しながら、空気を抜くように、ぴっちりと風呂敷で包んで結びます。風呂敷の中で生地の動く隙間がないようにキチッとくるむことが大切です。
この時の注意点として、風呂敷包みの四つ角がきちんと出ているか確認しましょう。角が丸くなると、そこにシワがよります。

それでもシワになっちゃった！
ホテルでシワとり応急手当！！

旅先のホテルで荷物をほどいたら、着物にシワが！　アイロンが借りられない場合でも、目立つシワだけでもなんとかしたい。そんな時、部屋に備え付けのドライヤーを使います。左肘で着物を押さえながら右手で着物を引っ張ってシワの部分を伸ばし、乾いたタオルを乗せ、さらにその上に濡らしてかたく絞ったタオルを乗せたところへドライヤーの熱風をあてます。あとは、シワとりアイロン術（46ページ）と手順はほぼ同じです。

洋服ハンガーを逆使い

一晩くらいなら、ホテル備え付けのハンガーを上手に利用しましょう。ハンガーの向きを逆にしてかけると、着物や襦袢がズリ落ちません。

衿芯
草履など

隙間なく詰める

着物や帯などをまとめた風呂敷包みを入れて、空いた隙間に草履などを詰めて、風呂敷包みが動かないようにします。キャリーケースとの隙間に沿わせるように衿芯などをグルリと入れれば、折れる心配もありません。キャリーケースの中で荷物が動かなくなれば、当然シワはよりませんね。

体型別

着付けのお悩み、解決します！

衿が決まらない（上手に抜けない）

衣紋《えもん》を抜いて着はじめたつもりでも、着あがってみると、いつも衿が詰まってしまうという方がとても多いです。衿が詰まっていると、見た目にも窮屈そうで暑いし、シャキッと感がでませんね。着物ビギナーさんでも衣紋をカンタンに決める方法を紹介しましょう。

衣紋抜きを使う

長襦袢に衣紋抜きをつけると、衿を決めやすくなります。

衣紋のために1本、ひもを使う

「衣紋が決まらない」とお悩みの方は、衣紋を理想の位置で止めるために、ひもを1本使ってみてください。衣紋と胸元を1本のひもで止めようとすると、慣れないうちは力が分散してしまうからです。まず衣紋の抜き具合を決めたら、その位置を動かさないように、衣紋抜きに通したひもを長襦袢の身八ツ口から中に入れて、下のほうで結びます（ひもは、長襦袢の前身頃の内側に入っている状態）。ここで衿を引っ張ってみて、動かないようならしっかり止まった証拠です。

胸元は合わせるだけ

衣紋がしっかり止まっていれば、あとは長襦袢の胸元を合わせるだけです。衣紋を止めるために1本ひもを使っているので、胸ひもか伊達締めのどちらかだけで済みますよ！

繰越を再検討

そもそも仕立ての段階で繰越が体型に合っていない場合もあります。もっと衣紋を抜きやすくしたい等、具体的なリクエストを伝えて繰越を見直してもらうことも一案です。

衣紋抜きに通したひもを襦袢の身八ツ口から襦袢の内側に入れて、下側で結びます。

胸が大きくて太って見える

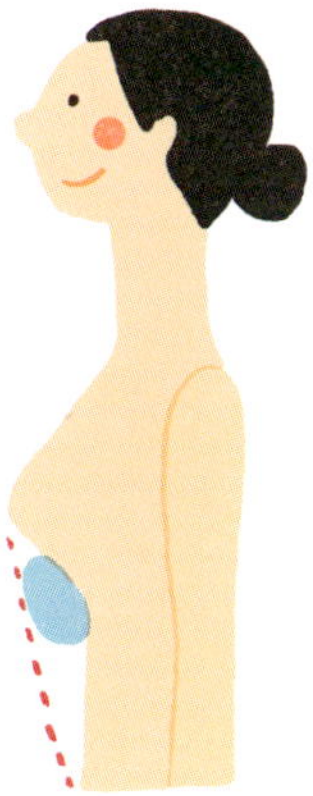

着物を着る際、大きな胸はなるべく平らにつぶすように、というのがこれまでのセオリーでした。しかし、たっぷりした胸をつぶすと両脇に流れてしまうので、もたついて見え、より太って見えてしまいます。むしろ胸の中心に向かって胸を寄せて上げ、胸の上部に散らしてください。その上で胸の下にハンドタオルを畳んではさみ、胸とお腹の高さをなだらかにすると、すっきりした着姿になります。

イカリ肩、肩幅が大きい

イカリ肩だから着物が似合わない、と言う方も多いですね。横に広く衿を打ち合わせることで、イカリ肩や肩幅を狭く見せることができます。体型に合った、一番美しく見える衿の角度を自分なりに探ってみましょう。

腰まわりがダブつく

腰まわりの肉がとれない、というのは誰しも悩ましいところです。すっきり着るために、裾よけを締めるなど、腰まわりをおさえこむことは有効です。下腹や腰肉は、ポコンと出て見えるとカッコ悪いだけでなく、帯のおさまりが悪くなります。胸元に帯が上がってきてしまう、というお悩みがある方は、腰まわりの肉や下腹が原因です。

ポコンと出てしまう下腹、腰まわりの上部に同じ高さになるよう、補正を入れると、信じられないほど見えなくなります。一番、肉が盛り上がっているところに帯の下線がかかるようにおろすと、すっきり美しい着姿になります。

下腹が気になる

裾よけなどで下腹をおさえることが有効です。または、ポコンと出た下腹を目立ちにくくさせるために、ウエスト部分に補正をします。それにより、胸元とのバランスが悪くなるようなら、胸元もふわっとさせます。

ものぐさ女将オススメ

お手軽！半衿つけ講座

着物を着るたびに
半衿を縫いつけるのが面倒くさい！
その手間にうんざりして、
着物から疎遠になる人も多いですね。
自称ものぐさ女将が、
テレビを見ながらでもすぐにできる、
お手軽な半衿つけを紹介します。

用意するもの

- 縫い針（糸に合った縫いやすいもの）
- 糸（木綿でも正絹でも）
- 半衿

半衿を縫う順番

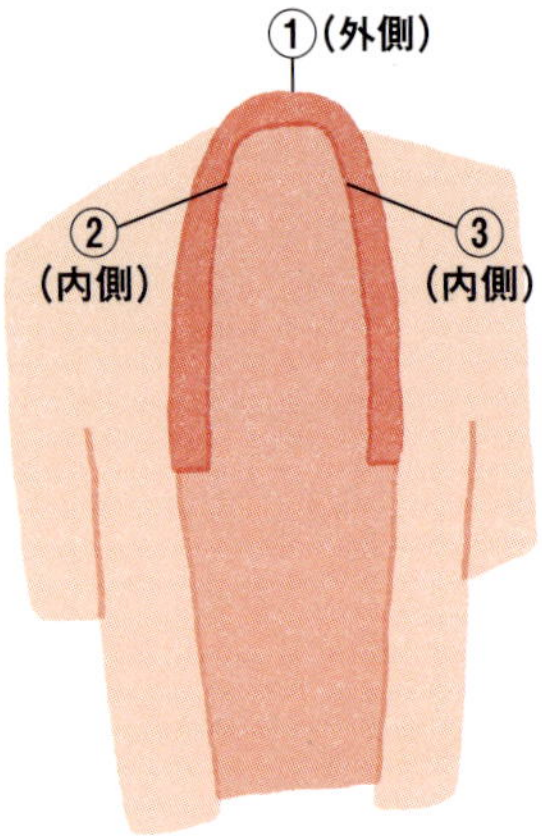

Point

頭皮に針先を寝かせた状態でこすると、
頭皮の油分で針通りがよくなりますよ。

正絹半衿の選び方

- 半衿の両端を持って引っ張ると伸びる生地は縫いつけやすいです。
- 初心者なら、縮緬地のものが扱いやすいです。
- 目安として2000円（500匁《もんめ》）以上の正絹半衿がオススメです。

匁（もんめ）＝尺貫法における目方の単位。

イラスト／ヤマグチカヨ

1

自分の体に対して向こう側に
襦袢を置き、上前から縫いはじめます。

半衿を半分にしたものを背中心と合わせて、真ん中を決めます。

2

左手で背中心と半衿の真ん中を合わせ持ち、右手をそこからすべらせて衿先の縫いはじめ位置を決めます。

3

ここで、ちょっと確認。襦袢の衿は背中心と衿先ではこのように幅が違うものです（下に向かって広がっています）。背中心では縫い込まれる生地の量は多くなり、衿先では少なくなります。

4

1〜2cm縫い代を折ります。もしくはアイロンでまっすぐ折り目をつけておいてください。

5

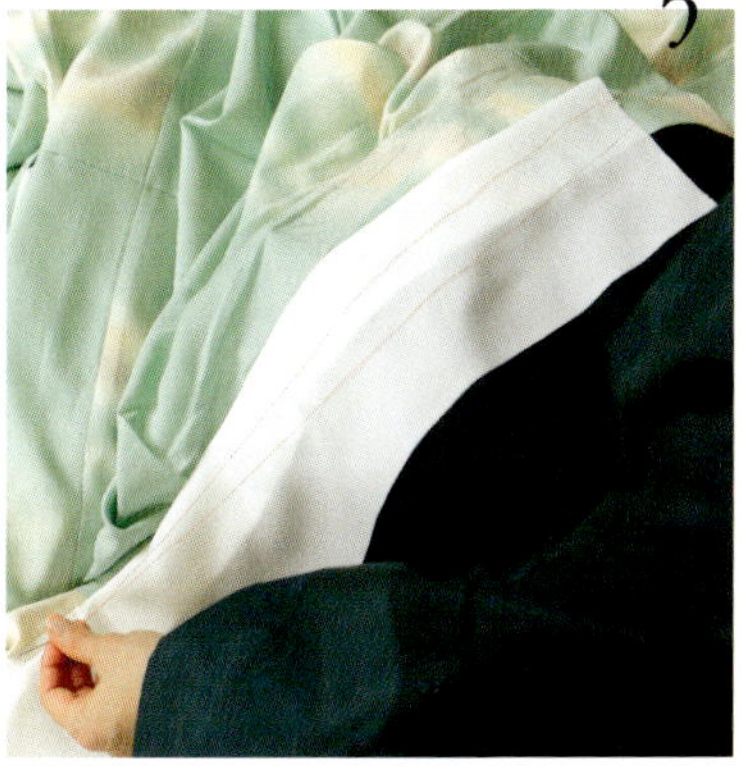

衿を体に対して真横に置きます。縫い糸は、半衿の長さプラス15cmくらい。

6

襦袢に向かって右端を右膝の下に挟んで、左手で引っ張り気味にしながら縫いはじめます。

7

イスで縫う時も、このように挟んで、引っ張り気味にしながら縫います。

8

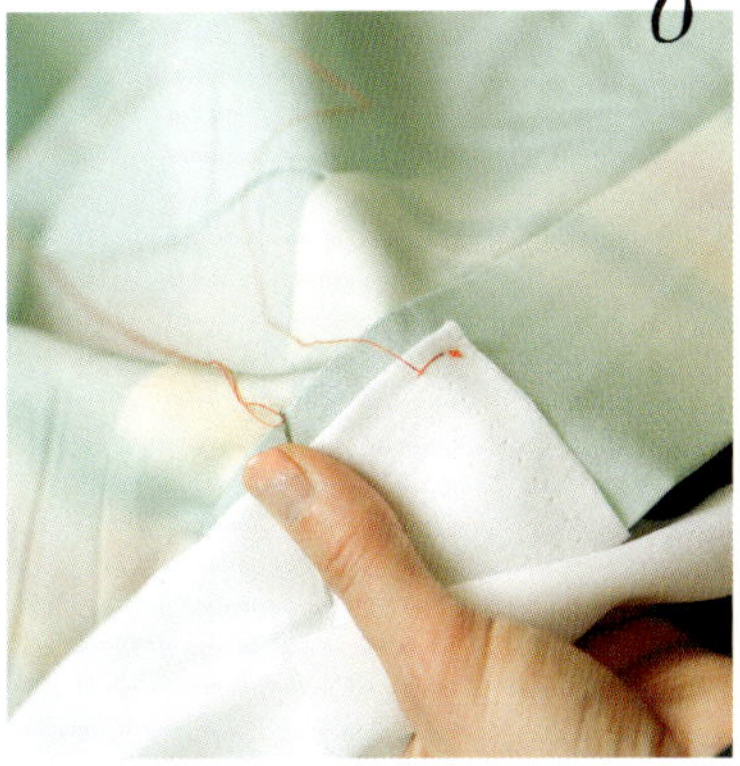

まずは右端から。縫いはじめは一目返します。（わかりやすいように色糸を使っています）

9

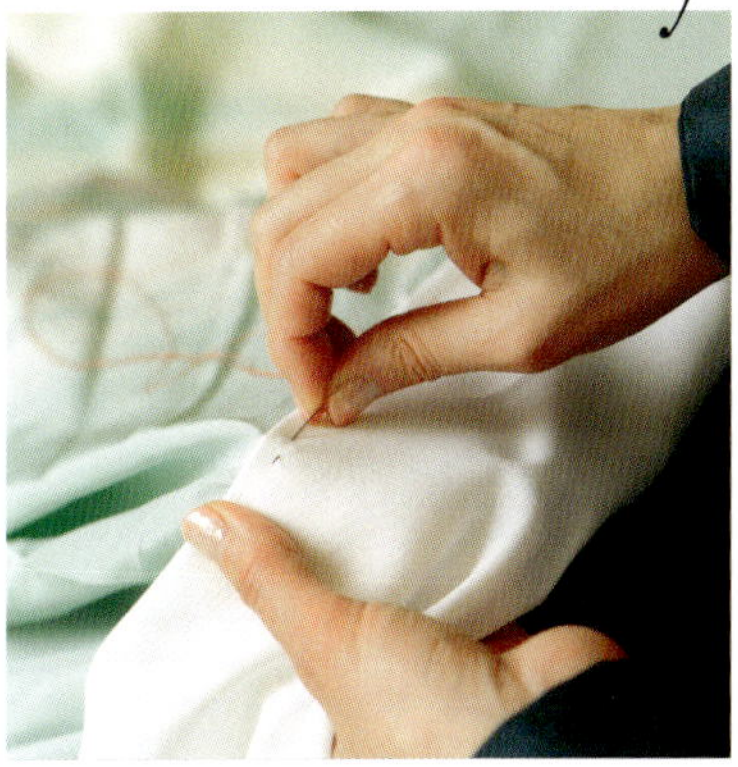

生地を左手でつねに引っ張るようにしながら持ち、7mmくらい内側を5cmほど飛ばし、1cmほどすくうように縫っていく、を繰り返します。

10

この時の左手は中指の腹ですくう場所を盛り上げているとカンタンにすくえます。針は上から刺すのではなく、斜めから上2枚をすくうイメージで。

11

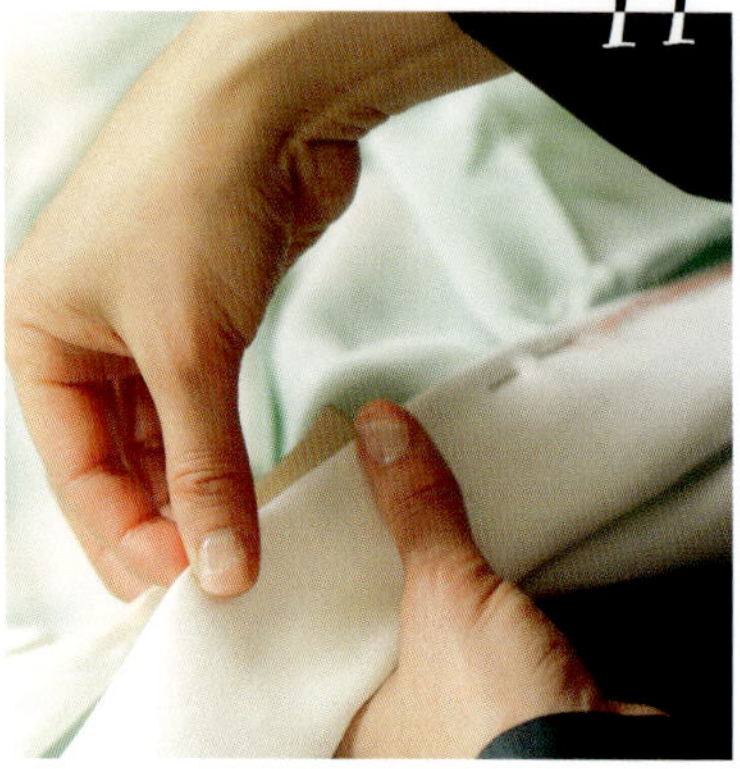

まち針の代わりに、縫い針は抜ききらずに刺したままの状態で右手を交差させ、縫い代を整えます。ひとつ前の縫い目に針の頭を重ねるように縫い進めば、まっすぐに縫えます。

12

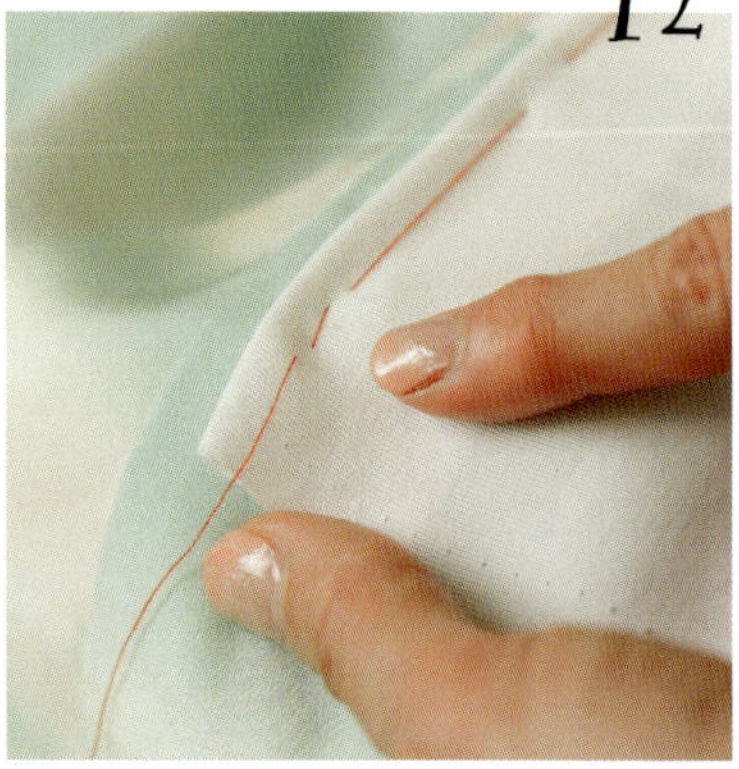

外側の半衿、縫い終わり。一目返して、糸は玉をつくらず少し長めに残しておけば、半衿を外す時にカンタンに引き抜け、同じ糸をまた使えます。

13

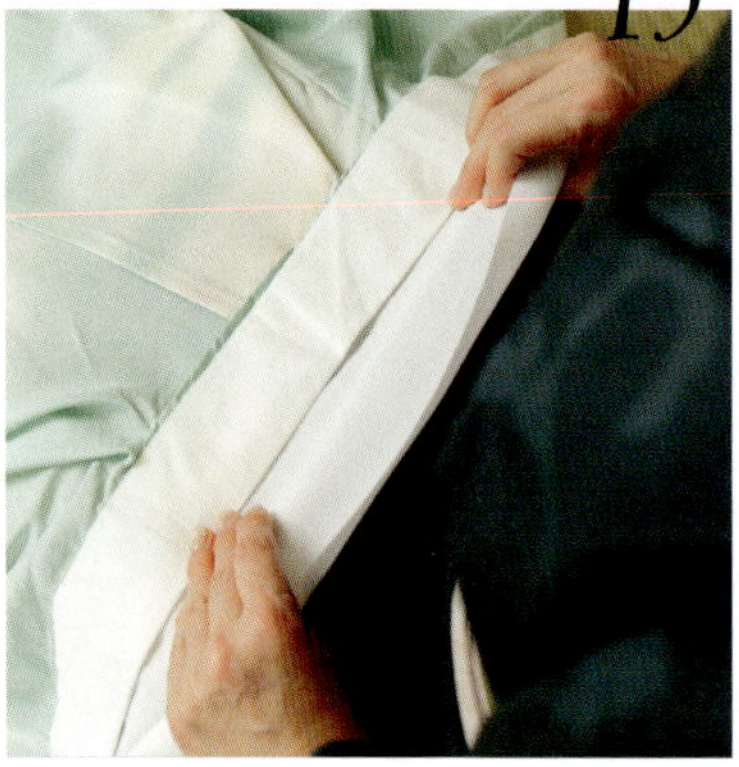

上前の内側を縫います。

長襦袢を裏返して、上前の内側を縫いはじめます。外側を縫った時と同じく体に平行に衿を置きます。

14

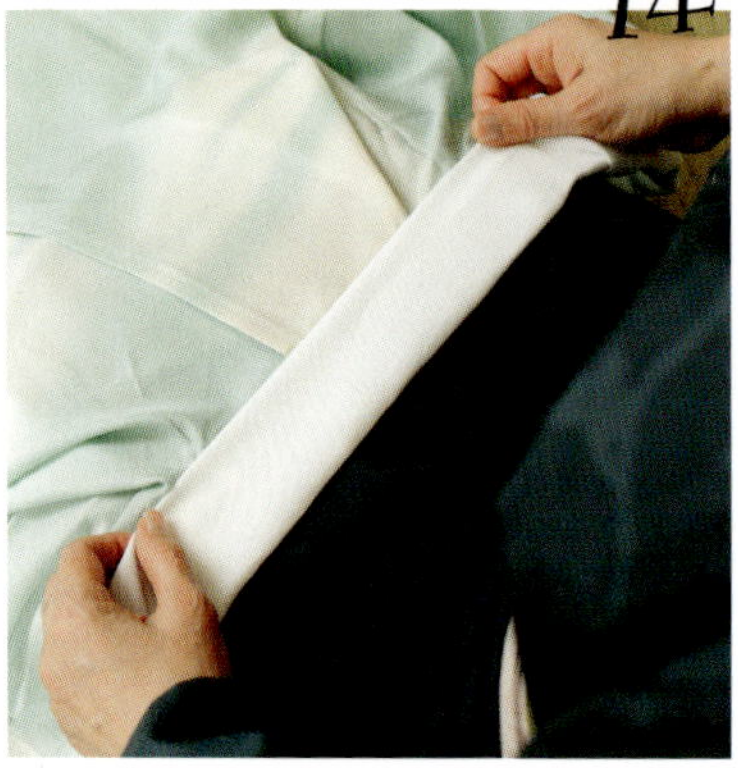

内側は背中心から縫いはじめます。半衿がダブつかないように、襦袢衿に添わせるように、半衿でくるみます。

15

使用する衿芯の幅に合わせて縫えば、半衿の生地が張るのでシワを軽減できます。ユルユルに衿芯が入るようでは、シワを増やすことになります。

16

長襦袢の背中心から針を通します。背中心から肩山までは、見えるところなので細かく縫います。

17

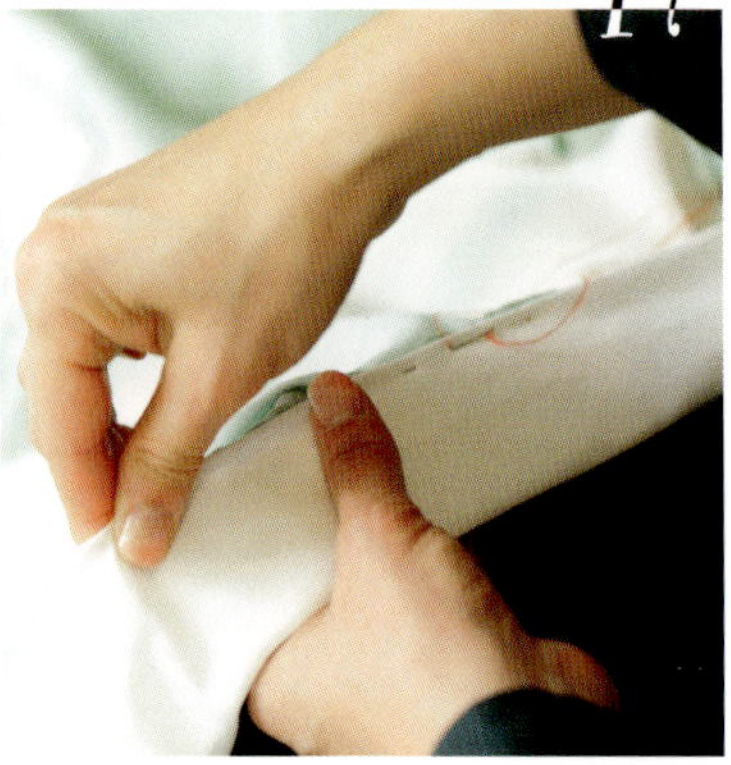

1〜1.5㎝中をすくって1〜2㎜縫い目を出します。この時も右手を交差させ、内側なのでとくに布を張るように意識してください。

18

左手はいつでも、このように中指の腹で生地を持ち上げ、すくいます。針を抜ききらず、まち針代わりにするのも同じです。

19

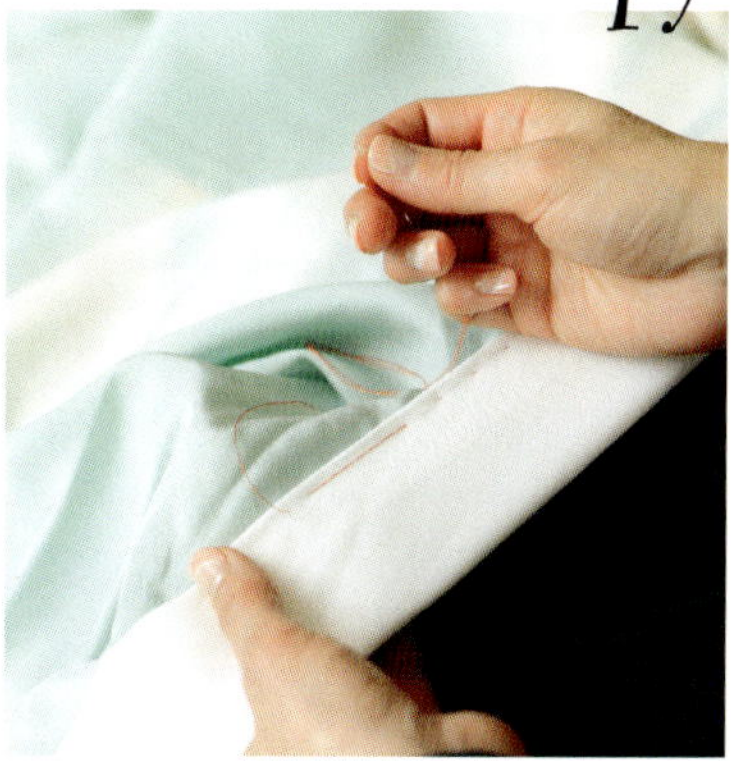

肩山をこえたら衿先までは外側と同じように5〜7cm飛ばしで衿先まで縫い終えます。

20

下前の内側を縫います。

背中心を軸にして180度向きを変えます。この時の手は、写真のように向こう側から衿をつかむように。

21

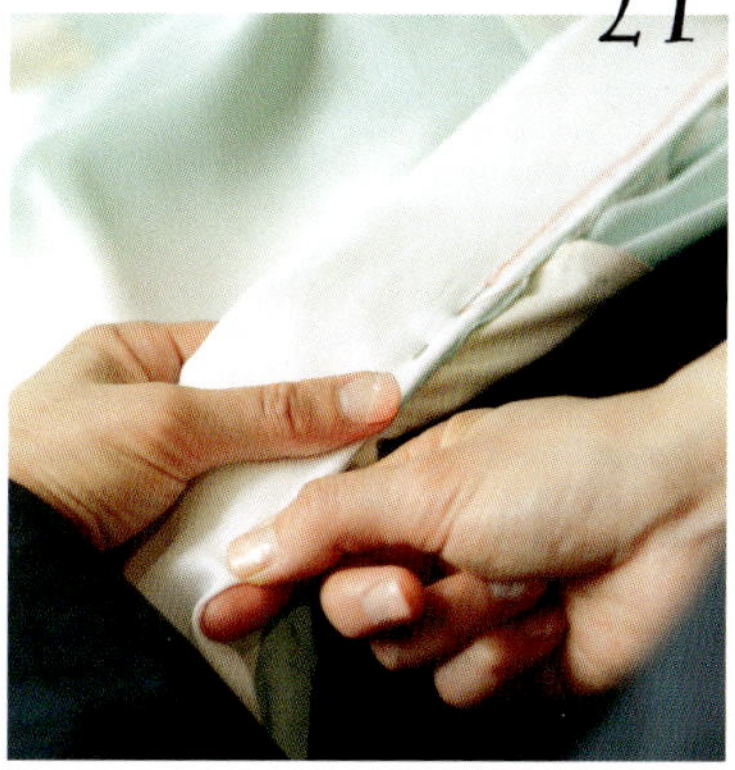

この時の手の交差の仕方は、左手親指で衿をつかんで支えながら右手で左方向に衿を引っ張ります。

22

内側を縫い進む時、いつでも気をつけたいのは、半衿がダブつかないこと。写真のようにピタッと衿に添わせましょう。

23

さあ、縫いあがりました！　衿芯を入れたところです。

24

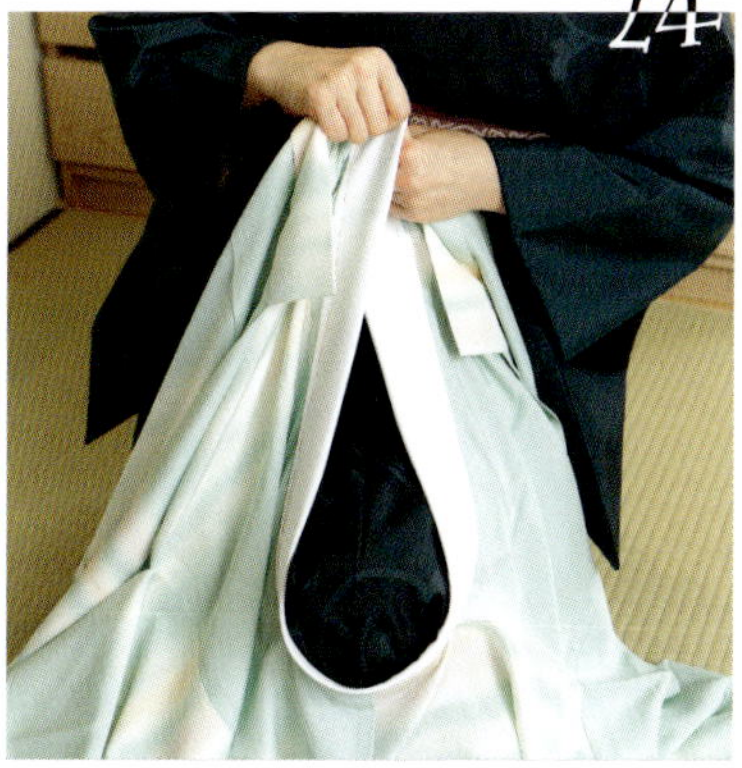

着る時に、衿芯を衿の内側から通し、膝頭で衿まわりをしごくようにすると、生地になじみます。

25

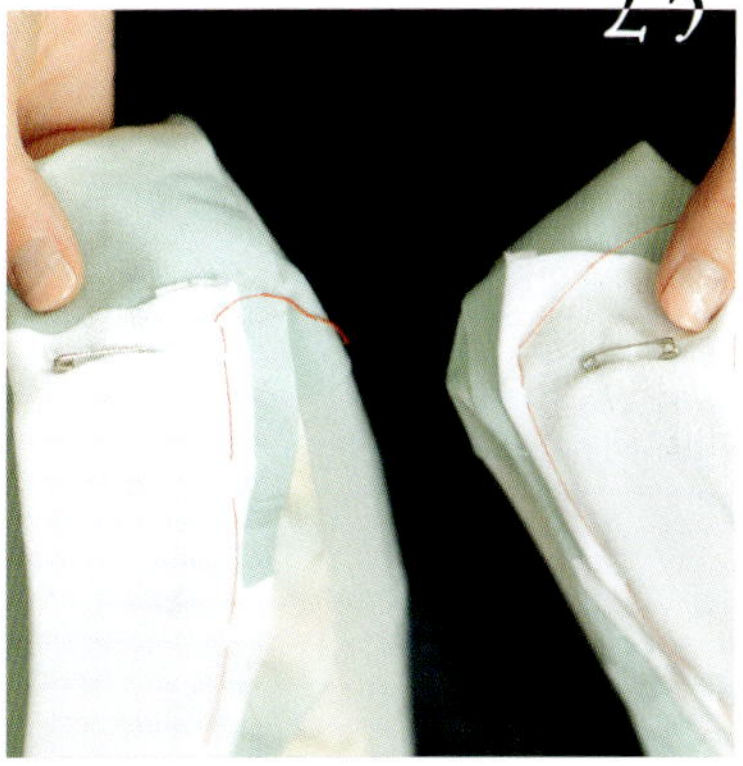

もし半衿がダブついてしまったら、衿芯を入れてピンと張った状態で両端を安全ピンで止めると数段きれいになります。試してみてください。

着用後は衿芯を抜きましょう。
衿芯を入れたまま畳んだり、
保管すると長襦袢に
シワがよりますし、
衿芯が折れてしまいます。

お手入れする前に
知っておきたい

素材いろいろ

**適切なお手入れをするためには、着物の素材を知っておくことが重要です。

大きく分けると絹と自然布（麻や木綿）、ウールや化繊などの新素材があります。

同じ素材でも糸や織によって生地の種類、特性が変わり、お手入れにも配慮が必要です。**

絹

絹糸には「生糸《きいと》」と「紬糸《つむぎいと》」の2種類があります。粒の揃った良質な繭から引き出してつくられる生糸に対し、紬糸は状態のさまざまな繭をまとめて真綿状にし、撚りをかけながら繊維を引き出して糸に紡《つむ》ぐので、生糸より太くなり、節が生じます。

【羽二重 はぶたえ】

生糸を使い、経糸《たていと》と緯糸《よこいと》を交互に交差して織り上げた平織の生地。太い緯糸を打ち込んだ肉厚の生地を「塩瀬《しおぜ》」といい、帯地に多く使われます。

【綸子 りんず】

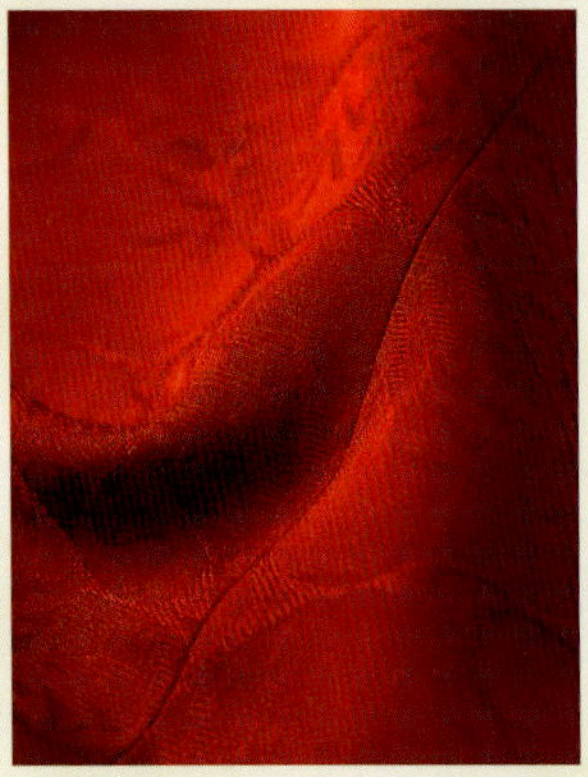

紗綾型《さやがた》など布の表裏に文様を織り出した朱子織《しゅすおり》の生地。経糸で地を、緯糸で地紋を織り出します。撚りの少ない生糸を使うため、美しい光沢が特徴です。ただし表面の摩擦に弱いので、取り扱いに注意します。

【縮緬 ちりめん】

経糸に撚りの少ない生糸、緯糸に強い撚りをかけた右撚りと左撚りの生糸を交互に使い、平織した生地。織り上がった後に精練すると糸の撚りが戻り、シボと呼ばれる凹凸が表れます。「越《こし》」は緯糸の本数を指し、最もポピュラーな「一越縮緬《いちこしちりめん》」は右撚りと左撚りの糸が一本ずつ交互に織られているもので、細かいシボが特徴です。シボが深いものほど、水に濡れると縮むので注意が必要です。

【御召 おめし】

「御召縮緬」の略称。生糸を染めてから強い撚りをかけ、それを経糸に使って織り上げた生地。表面に細かいシボがあり、さらりとした風合いが特徴です。十一代将軍・徳川家斉が愛用してお召しになり、広く知られるようになりました。織の着物の中では最も格が高いとされます。京都・西陣のほか、山形の白鷹御召《しらたかおめし》、新潟の塩沢紬なども有名です。最近では、水に濡れても縮みにくい生地が出てきています。

【絽 ろ】

からみ織と平織を組み合わせた夏用の生地。経糸をからませてその間に緯糸を通し、「絽目《ろめ》」と呼ばれる隙間をつくって織り上げます。全体がからみ織で、より透け感の強いものを「紗《しゃ》」といいます。

【平織の紬 ひらおりのつむぎ】

一般的な紬のお手入れでは、糸の撚りの状態をチェックしましょう。強い撚りがかかっているものは、水に触れると縮むことがあります。

【大島紬、黄八丈 おおしまつむぎ きはちじょう】

昔は紬糸を用いていましたが、現在では先染めした生糸で平織したものが中心です。つややかな光沢が美しく、さっぱりとした着心地です。染めが堅牢《けんろう》で水濡れに強く、濃い色合いのものは汚れが目立ちにくいので、お洒落着に人気です。

【真綿紬《まわたつむぎ》】

茨城県・結城市周辺の特産、結城紬が代表的です。紬糸の撚りが弱いので、ふっくらと柔らかな風合いが楽しめます。伝統的な手織の結城紬は、国の重要無形文化財に指定されています。

【後染めの紬《あとぞめのつむぎ》】

近年では技術の向上により、紬糸で白生地を織り、絵羽模様などに染める「後染めの紬」が登場しています。大島紬の訪問着や無地の結城紬などに見られ、染めの堅牢度は弱めです。

木綿、麻などの自然布

木綿は綿花を真綿状にして糸を紡ぎます。

麻や葛は茎の繊維を薄く剝《は》ぎ、撚って糸にします。自然布は庶民の日常着として用いられてきたので、お手入れが簡単です。

【平織《ひらおり》】

自然布の多くは糸を先染めし、経糸と緯糸を交互に交差させて織り上げる平織です。木綿や麻は、最初に水を通した時は縮むものの、その後は安定するので自宅で洗えます。

「上布」は麻や芭蕉の極細の糸で平織された生地で、蝉の羽根のように薄く、美しい透け感が特徴です。

【縮み《ちぢみ》】

縮緬と同義ですが、とくに夏用の生地で「縮み」と呼ぶことが多いようです。緯糸に強撚糸を使い、織り上げた後に湯で洗ったりもんだりして、シボを出します。肌に触れる面積が少なくなるので涼感を楽しめます。「揚柳《ようりゅう》」は経糸に撚糸を使い、縦方向のシボを出したもの。新潟県の小千谷縮《おぢやちぢみ》などが有名です。アイロン仕上げは避けましょう。

【絽《ろ》】

木綿、麻で織り上げた絽。自宅で洗える夏のお洒落着として定着しました。麻では半衿や長襦袢、帯もあります。

【紅梅《こうばい》】

細い地糸の間に太い糸、もしくは数本の糸を一緒に一定間隔で織り込むことで、格子状の凹凸を浮き出した薄物の生地。綿紅梅《めんこうばい》は浴衣で多く見られます。地糸に絹を使ったより透け感の強い絹紅梅《きぬこうばい》は、自宅では洗えませんが、絽や紗より気軽に楽しめる夏着物として最近人気が高まっています。

化繊《かせん》、ウールなど

化繊、ウールの着物は戦後、洋服と同じように自宅で洗える手頃な日常着として登場しました。

ただし昔のウールは大きく縮むことがあるので、洗濯には注意が必要です。また虫がつきやすいので絹物とは一緒にしないこと。最近ではシルクウールなど、着心地のよい交織《こうしょく》の着物もさまざま出ています。メーカーの説明書や洗濯表示などを、かならず確認しましょう。

用語いろいろ

**本書で出てきたわかりにくい用語をまとめてみました。
着物まわりの専門用語が少しずつわかってくると、
着物屋さんとの会話が、より楽しくなりそうです。**

【東スカート　あずまスカート】

裾よけの前側に、あて布がしてあり、スカート状になっているもの。裾よけは巻きつけるように着用するのに対して、東スカートは穿いた後、巻きつける。

あて布があることで、足をさばいた時に足元が露《あら》わにならないので重宝されている。もともと日舞をしている人たちが着用しはじめたもの。

【汗抜き　あせぬき】

水、洗剤をつけて職人が超音波機器などを使い、汗などが気になる部分を洗浄する。洗い張りをするほどでもないけれど、汗をたくさんかいて気になる、という時に。

【洗い張り　あらいはり】

着物の縫い目をすべて解いて、それぞれを簡単に縫い合わせて一枚の反物にした状態で、長い板に乗せて水を流しながら洗剤で洗う。

【衣桁　いこう】

着物を広げてかけるために使われる道具。実用的な道具であると共に、着物をかけて、美しい衝立のように設《しつら》える時にも用いる。

【絵羽模様　えばもよう】

全体の柄ではなくて、身頃でいえば裾のほうや袖の下のほうに偏って柄付けされているもの。

一枚の絵画のように柄付けされているものもある。

絵羽模様は、留袖、振袖、訪問着などの模様付けにみられる。

【衣紋　えもん】

着物の首まわり、衿まわり全体のこと。着物の後ろ側、うなじあたりの衿をグッと下に引き下げたような状態を衣紋を抜く、という。

【衽　おくみ】

前身頃に続いている身頃の一番端にくる部分。女性の衽幅は、だいたい15～16㎝程度。身長や体型などによって、これを若干、調整する場合がある。

【帯揚げ　おびあげ】

着付けの際に、帯枕を隠すように包む布のこと。さし色にもなるので、おしゃれ効果の高い小物のひとつ。

それ自体で何かを締めとめるものではなく、あくまでも飾りのアイテム。

縮緬地や平織の綸子、絞りなど、多彩にある。

【帯締め　おびじめ】

着付けをする時に、お太鼓など帯をとめるのに必要なひも。平打ちや丸打ちなど、ひもの種類により格があり、T・P・Oに合わせて使い分けたいもの。

正面から見た時に、ひもの高さが低めだと年齢を重ねた人、高めにつけると若い人のような着こなしに見える。

帯締めの両端は、通常時は下から上へ挟み、忌事の場合は頭を垂れるイメージで上から下へと挟む。

イラスト／ノラヤ

【曲尺 かねじゃく】

大工さんが使っているような、直角にL字型に曲がっている金属性のものさし。着物の仕立てに、一部エリアでも使われている。

【鯨尺 くじらじゃく】

着物などの長さを測るために、尺貫法を用いたものさし。

【繰越 くりこし】

肩山に切り込みを入れて着物の衿まわりを仕立てる際に衿を抜きやすくするために、肩山より後ろに切り込みをまわすこと。

衿をどれだけ後ろに抜いて着るかを決める大切なポイント。衣紋を抜きたい人は繰越を多く、あまり衣紋を抜かずにキリリと着付けたい人は繰越を少なめにする。

繰越の目安は、鯨尺で5分から8分程度。

【シミ抜き しみぬき】

着物を解かず、シミや汚れの種類によって、職人が専用の薬品や洗剤を使って効果的に汚れを落とすこと。

【精練 せいれん】

絹糸に含まれるセリシン、脂肪分といった不純物をぬるま湯や液剤などにくぐらせて抜く作業。「練る」ともいわれる。

反物になってから不純物を取り除く場合もある。

これにより、しなやかな光沢が生まれ、柔らかくなる。

絹糸の状態で精練する先練り、反物にしてから精練する後練りなどがある。

【伊達締め だてじめ】

着付けの時に胸ひもの上に安定させる、もしくはおはしょりの調節のために使う幅広のひも。博多織やウレタンゴム製のものなどがある。

【胴裏 どうら】

袷《あわせ》の着物の場合、着物や長襦袢の裏側で、裾まわしより上部分の布のこと。

【八掛 はっかけ】

袷の着物の裏、裾まわりの色布のこと。裾まわしともいう。

【部分洗い ぶぶんあらい】

揮発剤などを使って、汚れやすい部分の油性の汚れ（皮脂や化粧品汚れなど）を落とすこと。お店によって、別の呼び方をすることもある。

【丸洗い まるあらい】

揮発剤を使って、着物を丸ごと洗うこと。油性の汚れは落ちるが、汗などの水性の汚れは落ちない。

【湯のし ゆのし】

生地に高温の蒸気をあてながら、糊を落としつつ繊維を柔らかくし、緯糸《よこいと》と経《たて》糸の目を揃え、布の幅を伸ばして均一に整える。洗い張りで縮んだ生地も新しい反物のように仕上がる。

湯のしは、その後の仕立てには欠かせない作業。

女将のかわら版 3

震災で知った着物の持つ力

泥の掻き出し、水洗いの日々

私の店は宮城県気仙沼市にあります。2011年3月11日の東日本大震災による津波は、海から離れた場所に建つ私の店にも及びました。

建物の倒壊は免れたものの、1階の店と商品は全滅。毎日、重油や塩水などが混じりあった、重たいヘドロのような泥の掻き出しで、指という指は節くれ立ち、握りしめることもできない有様でした。

電気、ガス、水道というライフラインが絶たれた状況の中、泥や塩水、ヘドロをかぶってしまった着物は、もはや手の尽くしようがなく、廃棄処分するしかないと諦めていました。

津波から2週間。やっと水が出るようになった時、店のスタッフと共に、ダメで元々と、廃棄するつもりだった紬から水で洗ってみると、ダメージは思ったほどではなく、なんとかなりそうに見えました。

とにかく泥まみれの商品を片っ端から水洗いしなくては、とプラスチックの衣裳ケースを幾つも並べて水を張り、何度も水を代えては振り洗いし続けました。

紬に加えて小紋なども洗いはじめ、洗った端から部屋中に着物を干していくような毎日でした。

ずいぶん乱暴なやり方だと思われるかもしれませんが、ギリギリの状況での選択でした。洗ってみて助かったのは織物や本友禅などの手が込んでいる品物ばかり。今どきの大量生産品は染がすっかり泣いてしまったり（色移りのこと）、コシが抜けてまったく使い物になりません。やはり手をかけた品物の素晴らしさを実感したのでした。

着物の塩抜き

津波で家が流されながら着物を助け出した方たちからも、重油まみれ、カビだらけで、とても元通りにならない品物でも、思い出の品だからせめて少しきれいにしてほしいと、たくさんの着物や帯が私の店にも持ち込まれました。

そこで、いつもお世話になっている京都の工房に状況を伝えてみたところ、まずは水洗いしてから送ってほしい、とアドバイスいただき、水をかけっぱなしにして、とにかく着物から塩を抜く作業をした上で、京都の工房に出しました。

重曹の威力

震災から2ケ月も経つと気温もグングンと上がりはじめたせいか、繊維についたヘ

イラスト／ノラヤ

ドロや重油、魚などのにおいが、たまらないほど臭くなってきました。

　本書で足袋を洗う時に重曹を使うことをオススメしていますが、それは汚れを落とすとともに、においを抑える効果もあるから。そうだ、重曹には消臭効果がある、と思い出した私は、何度か水洗いした後、重曹を溶かした水ですすいでみました。すると驚くほどにおいが抑えられたのです。

極彩色のカビ

　この本で、着物に水は大敵、と繰り返しお伝えしていますが、震災の時は、それこそ家ごと、箪笥ごと津波にのみこまれてしまったのですから、ダメージは相当なもの。大切にしていた着物や帯を泣く泣く諦めた方ばかりだったと思います。

　通常、着物につくカビは白っぽいものが多いのですが、津波被害に遭った着物に出てきたカビは、それまで見たこともないような黄色、赤、緑など、毒々しいまでの極彩色のものでした。

　しかも、被災したエリアによって、カビがあがるところ、あがらないところが、不思議なほどはっきりと分けられました。津波によって泥やヘドロなど堆積物が押し寄せた内湾に面したお宅の被災着物ほど、カビは極彩色。津波から半年も経つと胴裏もビリビリで、深刻な状態でした。

　反面、外洋側で津波に遭ったお宅の着物は、震災から1年半近くも建物に近づくこともできないまま箪笥に入れっぱなしの状態でも、畳紙に包まれたまま比較的きれいに乾いていました。大津波が鉄筋の建物の壁をブチ抜いたこともあって、通気性がよかったのも一因だったのかもしれません。

　重曹の威力も、カビの話も、本書でお手入れ方法をお伝えしていますが、震災をきっかけに私が経験したこれらのことは、平常時では考えられないことばかりです。

　将来の展望など誰も思い描けないような状況にあっても、たった一枚の着物をなんとかしてほしいと持ち込んでくださるお客様たちの思いの深さ。たとえ着られなくても着物が一枚、手元にあるだけで大きな心の支えになること。１０００年に一度という震災を経験して、あらためて着物の素晴らしさを思い知りました。

　以来、私はほとんど毎日、着物を着ています。当初は、非常時に着物なんて、と思われるかもしれない、と思いましたが、余裕のない時だからこそ、着物姿をご覧いただくことで、一人でも多くの方に着物っていいな、と心和んでいただけることがあれば、と願う気持ちからでした。

　あの日から大変なことはいっぱいありましたが、もうあまり思い出すことができません。でも感動したことや新たな出会いは鮮明に思い出せます。

　何事も、感謝、です。

髙橋和江 ● たかはし かずえ

たかはしきもの工房の女将。気仙沼で悉皆屋を営みつつ、和装下着「満点スリップ」をつくり出し、肌着メーカーとして全国的な知名度に。着物まわりの肌着や小物を商品化し、着物を愛する人から絶大な支持を得ている。

実店舗／御誂京染たかはし
〒988-0044宮城県気仙沼市神山12-18
☎0226(23)1457
http://www.rakuten.ne.jp/gold/manten-t/

大人気の悉皆《しっかい》屋《や》さんが教える!

着物まわりのお手入れ

2014年10月30日　初版発行
2020年 9 月30日　5刷発行

著　者　髙橋和江

発行者　小野寺優

発行所　株式会社河出書房新社
〒151-0051
東京都渋谷区千駄ヶ谷2-32-2
電話　03-3404-8611(編集)
　　　03-3404-1201(営業)
http://www.kawade.co.jp/

印刷・製本　凸版印刷株式会社

Printed in Japan
ISBN978-4-309-28475-0

落丁・乱丁本はお取り替えいたします。
本書のコピー、スキャン、デジタル化等の無断複製は著作権法上での例外を除き禁じられています。本書を代行業者等の第三者に依頼してスキャンやデジタル化することは、いかなる場合も著作権法違反となります。

装丁・本文デザイン ● 若井夏澄
写真 ● 武藤奈緒美
モデル ● RIKO(FOLIO)
ヘアメイク ● 後口早弥香(ループ)

協力 ● 土本孝則、濱口雄三
仕立て屋【*ツキヒコ*】
着物あおし

企画・編集 ● 小野寺弘美